作者
吳錦勳

臺灣大學哲學碩士，擔任雜誌記者十餘年，
曾獲亞洲出版業協會（SOPA）之「卓越專題特寫獎」、
吳舜文新聞獎之「深度報導獎」、
第三十七屆金鼎獎之「年度非文學類最佳圖書獎」。

現職爲天下文化出版公司主筆。

之間

誠品創辦人
吳清友的生命之旅

生命是一種探索，可以超越得失。
舉凡病痛、失敗、賠錢，都是「探索」的過程和風景，
你的付出就是你的所得。——吳清友

目錄

第一部　生命

第二部　青春

第三部　旅程

第一部 生命

序曲

銀髮絲．蘆葦白——生命中的三重失去

吳清友走進松菸「誠品行旅」一樓的 The Chapter 咖啡廳，仍舊是那制式的一襲夾克、卡其褲、舊球鞋。他甫坐定，環看一圈，彎起眼眉微笑，「歹勢啊！我來晚了——」其實他一點也不遲，只是習慣客氣罷了。咖啡微微冒煙，倒入的奶油緩緩捲成一個漩渦，他也彷彿醞釀一種長談的心情。咖啡靜止，水面倒映出他身後的那堵磚牆。

赭紅色的磚，是他的鄉愁。從他出身的台南三合院、到公司總部、商場，甚至陽明山的自宅，全砌有這類工字交疊、嚴整排列的磚牆。

無法忽略的是，在這古意的磚牆上，張掛著十多幅攝影家簡永彬的攝影作品。這些全是吳清友心愛的收藏，紅磚牆搭配黑白老照片，也是他的品味。每幅對開大小的相框，像在牆上敞開一扇扇方窗。藝術家用他深遠的凝視鏡頭，框出了大片灰色調的天、翻捲的雲朵、林野、海堤、沉默的大地、水面浮萍……整體散發出舊昔台灣自然風土特有的純淨靈光。畫面多半空寂、渺遠，沒有任何人物特寫，或說，即使有人物，也早已融入成風景的一部分。

紅磚牆、老照片

每次約這裡訪問，吳清友總是習慣坐最後一張長桌左邊背對牆面的座位，座位後方適巧掛著一幅名爲「花東海岸山邊」的攝影作品。

它初看極爲平淡，就是一整片被風吹拂的芒草，別無其他。似是秋冬之際，逐漸變白的草莖，無力抵擋狂風，紛紛往一面斜倒。

風，好像一把看不見的梳子，非常強勁，幾乎撫平一切似的。快門凝結住這決定性的瞬間。那深淺黑灰白、如波浪的線條、一筆一劃綿密交織的紋理……遠看就好像一件鉛筆素描。

是誰畫了這件作品？是風？是季節？抑或是命運？

凝望良久，發現到芒草尾端葉梢微微揚起，特別是那些美麗的蘆花挺身打著勾，似乎不願就這樣屈服。

或許是荒草無人聞問的卑殘形貌帶來的某種隱喻，或許是對生命壓抑掙扎的無言默會，觀看這樣的畫面，總教人陷入一種奇異的沉思。「人是會思考的蘆葦。」法國哲人巴斯葛如是說。大自然中渺小脆弱的人，不過就像是一枝蘆葦，但卻也是會思考的蘆葦，肉身必然衰敗，精神卻能超越其上，追尋永恆。如果人類無法讓自己長生不死，也無法讓自己永遠堅強不敗，那麼就做一枝會思考的蘆葦。

如同入秋的蘆葦，吳清友年輕時豐美濃黑的直髮，此時已經短疏，且變爲銀白。坐在他正前方與之對望，他的整顆頭顱便正好與照片重疊。

有一個時刻，恍然教人無由來萌生一種錯覺，彷彿牆上的芒草延伸出來，長到他的頭顱上。

銀髮絲·蘆葦白，
此岸與彼岸，
人與命運之間的二重奏……

照亮自己

人與蘆葦，在這個意義下，因其精神性，成爲互相指涉的關係。吳清友的頭渾圓碩大，好似耽湎於思考，負載過重的想法。暮年的他，整個人散發一種哲思般低鬱的氛圍。他常引用釋加牟尼的一句話：「人必須用自己的光，照亮自己。」（佛經原文是「當自熾燃，熾燃於法，勿他熾燃；當自歸依，歸依於法，勿他歸依。」）

人，作爲在世存有者，本身就是探問存有意義的起點。人的靈明如同一盞燈，儘管自己或別人不一定看得見，不一定有機會點燃，但人的本質是光，是火，是明亮。「照亮自己」這種信念，眞是無比強大的鼓舞。

二十四小時不打烊的誠品，本身就是一則強而有力的象徵，吳清友的一生，也在尋找這樣的光。

這本書經歷長達三年的訪談，直到他生命終結最後期。可以說是一個生命步入深秋的老人，對人生的款款回看，其所傾訴的，也不過是一個人想要整理自我的單純想望。有好幾次，他總是帶著有點不好意思的神情說：「對於人生、我的迷惑其實是大於領悟，如此公開談論我自己的人生所得，是帶著幾分羞愧的。這些多半只是嘗試理解自己、解讀自己如何成爲今日之我的一種看法。」

觀看，是一種深邃的能力。吳清友的眼神深而澄澈，目光所及之處，似乎匯聚著巨大的能量，有時銳利到令人不敢直視，總覺得他能看穿表象，沒有掩飾得住的地方。

然而，他笑起來，臉部的線條又神奇地改變了。如此高大的人，笑起來竟如此稚眞。那眼神裡的純粹無染，令人聯想到另一個老人。

那一位飄流在墨西哥灣打魚的古巴老人桑迪亞哥，海明威這樣形容：老人瘦且憔悴，頸後爬滿深而粗的皺紋，臉頰因爲熱帶烈日長年炙曬，冒出團團肉瘤，他的雙手也被釣繩割出一道又一道陳年傷疤。他全身無一處不蒼老，唯獨眼睛還是年輕的，「他的眼睛與海同屬一色，如此歡悅有神，如此無畏而不敗。」

當桑迪亞哥孤獨漂海，渾身是傷地和灰鯖鯊決鬥之際，他鼓舞自己似地說：「人不是生來就是要被打敗的」、「人可以被毀滅，但不能被打敗。」老人發亮的硬漢臉龐，被海明威鑲上兩顆燦爛的藍寶石。吳清友的眼睛也有這樣晶亮的時刻，那是他提到誠品理念、自我許諾實現的時候。

但是更多時候，他思緒擱淺，直直盯著空中的某一點，散發出一種恍惚的、略帶憂傷的眼神。不論是性格原來的傾向，或是人生各種遭遇使然，他好幾次自語說：「我的生命裡總感到有種抹不盡的、淡淡的哀傷。」

人生三重試煉

淡淡的哀傷所來何處？吳清友曾經自剖一生曾遭遇過三件重要的事情：第一失去健康，他患有先天性心臟病，曾經歷三回合生死交關，幾度命危，離魂歷劫倖存；第二失去金錢，因爲籌設誠品，十五年間財富從有到無，忍受巨大的煎熬，理想與現實赤裸裸地拔河、交戰；第三，失去至親摯愛，他唯一的兒子未及盛年猝然離世，深切經歷白髮人送別黑髮人的痛楚。

失去健康出於無奈；失去財富是對理念義無反顧的承擔；至於失去兒子，就只有全然的不捨與遺憾。他說：「這是我生命裡必修的三門功課，其中只有誠品是我自己選擇的，但這些似乎都不是快樂與喜悅的事。」

福音書說：「壓傷的蘆葦，他不折斷，將殘的燈火，他不吹滅。」不就明明白白指出折斷、損壞、熄滅，正是生命裡最無可迴避、最不可能缺少的部分。殘酷一點來說，再怎麼平順庸碌的人生，也都不會自我圓滿，仍必然滿布生老病死的傷痛；甚至有的人，一生不斷努力挽回失去的東西，卻只能一再被奪走。

或許，人生的一項重要目的便在弭平缺損，盡可能讓生命得以完整圓滿。那麼，歷經生命中沉痛的三重失去，吳清友一生所做所爲，會不會就是弭平缺損的奮進努力？又或者，失去的缺憾根本無法弭平，他只是尋求一種轉化與修煉？

一如泥磚經過塑形、鍛燒、乾燥，釋放黏土裡的鐵質，由灰黑蛻變爲明亮的赭紅。而且往往燒得漂亮的磚，色勻而質堅，彼此碰撞發出鏗鏘清脆的聲響。

今天，誠品已經建構出某種「成功的」商業模式，她已是人文地標、台灣品牌驕傲，兩岸三地風風火火，各展精采。當世人都看誠品「怎麼得」，但另一頭，這裡要談吳清友「怎麼失」。

丹麥存在主義哲學家齊克果說：「人生是往前走的，但只有回頭看，才能理解它。」書寫就好比一種看著人生倒景的旅途，而所有敘述都是爲了重新連結……

吳清友鍾愛攝影家簡永彬的作品，「誠品行旅」古意的磚牆搭配黑白照片，呈現出他的獨特品味。

第一章

結霜的大地

列車一路向南，時速三百零五公里，劃過嘉南平原，疾行。轟轟然鑽進長長的隧道，巨大的風切砰地忽然脹爆，車身微微抖動。吳清友沒有受到驚擾，倚著頭枕落入沉思，視線往外。速度幻化成迷離的線，在他的眼鏡面折射一道又一道的燈光，金橙、銀白……如流星劃過。

他把眼神藏在鏡片後，不言不語。顛顛盪盪的行進節奏，正適合漫長的凝思。隧道黑暗，讓車窗變作玻璃鏡面，對映他的側臉，像另一個他，凝視著他。

這趟回鄉之旅教他憂思深重，童年早在半個世紀之前，記憶能否復刻？或如唱盤上早已磨蝕的溝紋，唱針兜兜轉轉著繞不出來。

困惑中，他瞇著眼睛打量著，像是盯著遠處，卻又什麼都看不見的神情。往事並不如煙，深深縈繞但又捉摸不透，像是細雨午后的窗玻璃上，那些潮濕、帶霧氣的影子。

弘一大師晚年寫過「前塵影事」四個字，運筆緩慢滯重、意態糾結，不若其他簡靜、樸散、淡逸的弘一體。且在每一停頓轉折之處、點捺之間，若有似無地，曲折含藏，濃縮了他一生似的。但這麼用心刻劃的字，最終卻也表明，世間一切都將褪色蒙塵，如塵如影、如露似夢、化成齎粉。如經上說的「斯則前塵，分別影事」，微塵蜃影，無物實存？

出發，抑或回歸？

高鐵抵達台南之後，吳清友換搭另一輛車。總是這般，人在一個又一個空間中移動，不是出發，便是回歸。此刻對於他既是出發又是回返，他在找尋過往。

吳清友常說：「生命裡有太多的人、地、事、物，都不是我們能夠規劃的，也不是以有限的智慧能夠想像的，我爲什麼出生在台灣？爲什麼落在五〇年代？這些都是生命裡奇妙無可解的因緣。」

車過北門，晃過那名噪一時的水晶教堂，一畦連過一畦的魚塭，馬達扇葉快速滾動，激起白燦燦的水花。車子奔上西濱快速道路飛馳，越過將軍溪出海口，灰濁的水色匯成遼闊的內海，由東而西瀰漫一片。

內海往西延伸，流向台灣海峽，深淺交融的水色邊際浮現一抹若有似無的沙洲。「沒有人是一座孤島，可以自身圓滿，每個人都是大陸的一部分，整體的片段……」①，順著生命河流的軌跡，車子轉入了細窄蜿蜒的產業道路，道路兩旁栽植著一長排木麻黃樹，樹之外多半是休耕的旱田與荒廢的魚塭。

① 英國十七世紀詩人約翰．多恩（John Donne）名詩，之後海明威將之引用於小說《戰地鐘聲》（*For Whom the Bell Tolls*）。

路口的公路指標大大寫著「馬沙溝」三字。地景似乎變化太大，無法與記憶疊合。吳清友領路，錯過又折返，他索性下車尋找，幾度視而不見，搔首踟躕，來來去去之間，衣角褲腳都沾滿海濱植物的細絮尖刺。

這幾年間，他總是穿著差不多式樣的衣服，白襯衫配夾克、卡其褲底下一雙磨舊的球鞋。他只要稍跨幾步，後頭的人總要小跑才能追上。他打了幾通電話問弟弟，終於在田地與魚塭間一塊長草茂盛的荒地，找到相鄰爲伴的兩座老墳墓。這是吳清友祖父與祖母的埋骨之地。

天地之大，竟只在這樣寂靜的墓域裡安眠。雖然都是老墳，但仍有新舊之別，祖父較早逝，墳與碑石皆簡素、低矮且陳舊；比較高壽的祖母，看來是家境改善了，墳地較大、皇天后土花色裝飾亦較繁複。遠遠的，西濱高架道路筆直穿越，破壞了地平線，一隻不知打哪飛來的水雉，閃動著金黃褐白羽色與長長尾巴，急急掠過。

身處小時候曾辛苦耕作灌溉過的稻田與魚塭，童年的記憶復甦，開始召喚他。有親人埋骨、有墳可上的地方，即是故鄉。吳清友說，人是活在記憶裡的，特別是開始有點年紀之後，總會時常憶想著從前，他有感而發：「如果，旅行是從A點到B點、從一個地方出發到另一個地方，那麼，我們的心靈其實是沒有所謂眞正的旅行的。因爲那顆繫念故鄉的心，從來沒有、也不曾離開過。」

海風狂嘯，鬼針草忘情搖曳，吳清友抿了幾下被風吹亂的白髮，在阿公、阿媽兩座墳前，雙手合十，一一慎重鞠躬，垂頭靜立良久，口中似乎喃喃唸著什麼。

宛如雞蛋的馬沙溝

老天若有眼，從空中俯瞰馬沙溝，正像綴在台南西北海岸邊，被水包圍住的一顆蛋。

蛋的頂端，是將軍溪出海口匯流成的寬廣內海；以西是一條名爲北航道（由青鯤鯓往北連接而來）的河道；蛋的底邊好乾脆直接叫做山子腳大排水溝，總之三面都是水。村子東邊有一條像卵泡連繫的臍帶，透過羊腸小路連結到五公里遠的將軍，才是另一個人口聚集的村落。

每個村子自成一個小宇宙。那些看起來像蛋殼縱裂交錯的紋路，是馬沙溝百餘戶人家的巷道，而上下左右各條路徑交叉的地理中心點，便是有著金黃色琉璃瓦的「李聖宮」。自三百五十多年開基立廟以來，馬沙溝居民依賴著天上聖母、王爺公「李府千歲」、哪吒三太子等神明庇祐漁獲，平安納福。說到底，「李聖宮」更像是居民心裡的中心了。

台南西邊這一帶多潟湖、灘地，地名大都用「寮」「腳」「港」做字尾。實際上，馬沙溝原本也只是濱外沙洲，後來逐漸淤積與陸地相連。因此這裡比詩人文學家自傲的鹽分地帶更邊陲、更荒瘠、更不可及。遠到，就連八田與一修建的嘉南大圳，再怎麼號稱蛛網密布也很難潤澤於它。文化的燈火疏於光照它，它宛若國境之南、太陽以西的化外之地。

吳清友說：「每個生命都是一本大書，也可能是一部傳奇。每個人更可能有其獨特的、別人沒有經歷過的生命創作；正如，每一寸土地，都是地表上獨一無二的坐標。」

對他來說，馬沙溝，棲著他整個人生最初的回憶。

番薯簽的滋味

回溯那遙遠的年代，馬沙溝終日海風吹拂，灌溉設施不發達，澇旱無常。乾旱時農作枯萎，暴雨來襲又淹沒吹垮，收成極不穩定。稻米僅可以一穫，農民得外加種植番薯、蔥、蒜維生。尤其颱風季節，雨水傾盆，海水倒灌，一切都泡湯了，都是看老天爺臉色吃飯的「看天田」。

肉體的勞動是必須，然而飢餓卻是常態。大家最常吃的是「番薯簽」，用刨子將地瓜刨成的條狀物，反覆曬乾後，能夠長期貯存。然而，澱粉甜味盡失，且有擺脫不掉的霉味與苦澀，難以入口。而赤貧的人家，就連番薯簽也吃不起。偶爾遇到節慶好日子有白米時，就薄薄的鋪在番薯簽上面，僞裝成一鍋白米飯的樣子。而這瞞天過海的稀薄白飯，也只供家裡長輩或年幼的孩子吃，其餘的人只能分到一丁點。

至於完全無田可種的人，幾乎回到原始的採集生活，到海裡撈「海米粉」——一種散開如粉絲的海藻。每當潮退，海灘上擠滿採海米粉的人影。若遇到天災農作物歉收的日子，大家都挨餓，台灣人見面彼此習慣問候：「汝喫飽未？」（您吃飽了嗎？）就可以領略「吃飽」是何等重大的事情。

自開墾以來，這裡以吳姓與陳姓村民爲主。他們多半棲身在簡陋低矮的茅草屋，以竹片編成牆壁，糊以泥巴，聊以躲避風雨。家具皆是竹製床鋪、桌椅等，每天出海或墾荒。茅草屋平日悶熱黑暗，伸手不見五指，遇到颱風強襲，便無情地將屋頂統統掀翻。

最早，吳清友家的祖厝，也是茅草屋。一直等到很多年以後，在吳清友的祖母那一代，才改建成三合院。從老照片來看，紅瓦磚牆的三合院，門前兩根洗石子灰圓柱，是日治時期台灣南部的傳統建築。除了正廳地板鋪以水泥外，其餘皆爲泥地，人腳踩久了，泥地板由黃而褐、再由褐而黑，年深月久之後，壓成黑得油亮的烏金光澤。但在吳清友父親吳寅卯心中，任何高樓洋房都比不上這裡，這是老母親辛苦攢錢才蓋成的。吳寅卯在晚年寫出的家傳裡，無比自豪地告訴後代子孫：「這是一座富麗堂皇的大瓦厝。」

五〇年代，台灣正從戰後餘波的殘虐中，緩步復甦，在一切匱乏之中，最可稱為「富麗堂皇」的其實是強韌的生存欲望。那年代的父母，盡可能生養眾多，人力就是生產力，以期日後家族子嗣擴大繁衍、開枝散葉。

吳清友正好出生在這樣一個新舊交替的歷史門檻，他一九五〇年生，屬虎。這一批嬰兒潮有一個專有名詞，被稱為「戰後新生代」，民間直接叫「光復子」。吳清友在九個孩子中排行第五，有三個哥哥一個大姐，下有三個妹妹和一個小弟。他在馬沙溝三合院的老房子裡，與阿公、阿媽、父母、眾多兄弟姊妹，度過了無法忘懷的童年。

結霜的大地

他記得小時候，父母出門農忙工作，阿媽總是用碎花背巾，在胸前打個叉把他揹在背上。他貼著阿媽的背，長手長腳的總是伸到外頭晃啊晃。聞著日正當中海風吹來生蠔的氣味；冷秋起風時，村裡瀰漫的濃濃曬魚乾味……馬沙溝十年間春夏秋冬，沒有第二種童年可以與之比擬。

冬天大清早，才剛上小學，吳清友跟在三哥吳清河身後，往兩公里外的學校前進。太陽升得晚，晨光灰濛濛中，黃土碎石路往前延伸。兄弟倆的赤腳踏在結霜的大地上，心底唉唉叫，踮腳尖，走一步跳兩下，有如踏著炭火。遇到酷熱的盛夏，路上的小碎石更是燒得發燙，每一步宛如針刺。

隆冬時分，由海面颳來的強風可以將人吹倒，走在路上總逃不過風沙的痛擊，刺得臉面發疼，行人得翻身跳入路旁的大排水溝裡，旱季溝底乾涸僅遺留細砂，勉強可以當戰壕通行。能夠上學已經是奢侈的事，鞋子，不是每個孩子穿得起，更不是每天穿得起。馬沙溝這裡不管小孩、大人，每個人都有一雙厚實長繭的腳。

「貧瘠」不是形容詞，它是堅硬的實存物，若不是要把人壓垮，就是逼迫人站起身來，努力澆灌它，活著沒有坐享其成這回事。

直到六十年後的今天，吳清友走在休耕多時的田地裡，乾旱龜裂的泥土，每走一步都劈啪碎裂，黑黑的泥縫裡，泛出白白的鹽漬。可以想見，能在這裡存活得下來的人，可是一點都不會嬌弱。

靠海的地方，林木竹竿都不易見，吳清友的阿公和友人合夥做過竹類建材生意（竹子可以建造竹筏、削尖成插蚵養殖的竹篙仔），也從事季節性的虱目魚苗收購販賣。微薄小利，僅供家庭開銷。每逢清明前後，外海沙洲海潮襲滾海岸而來，聚集大量虱目魚苗洄游。馬沙溝漁民夜裡頂著冷風狂潮，拿著漏斗狀的麻布魚網，泡在海水裡撈魚苗，碰運氣也比耐心。魚苗比細釘更小，且通身明透，僅頭部兩只黑溜溜的眼睛，混在雜魚中，得小心挑揀。

吳清友記得小的時候，看阿公賣魚苗。四、五個大人圍著一個魚苗缸，各自拿一只白碗，輕巧地往桶裡撈，一邊數一邊唱：「兩尾，三尾、五尾來唷……四尾、五尾，變九尾喲。」為免搞錯，各人唱各人調，不同的算法、速度與節奏感，抑揚頓挫之間，像一場即興的混聲合唱。

那年代，沒有日後普遍使用的膠筏，也沒有氣象預報，漁民每一次出海都像賭命。碗口粗的竹子綁成的竹筏，遇到翻江倒海的劇烈風浪，往往凶多吉少。這也是沿海居民多半依賴廟宇、祭拜神明的緣由。

因為看天吃飯，當地人對天、對神，都極為崇敬。村人若生病必定先去「李聖宮」問神，只有當問神沒有效果時，才去看醫生，可見「李聖宮」在居民心中地位。這裡人與人之間、人與土地自然之間、人與鄰里社會之間的信任，彷彿是一種許諾。

天、地、神、人四方聚合，各得其位，互不雜染，卻又和諧並存，成爲一個互相依存的整體。

人與土地一直處於一種張力，一方面既感恩土地的賜予，一方面又默默承受天災對人的暴虐。然而，縱使自然所謂「無情」，人也絕對不做逆天的惡事。

有一年，吳清友的阿公在農曆除夕夜出海捕魚。冬季風浪大，結果竹筏解體了，他倉皇間僅只來得及抱住兩根竹管求生。載浮載沉，漂流了兩天一夜，從將軍沿海一帶，往南飄到三十公里遠的安平四草附近海邊，昏昏沉沉被人家救上岸。吳清友說：「阿媽原本以爲這下子鐵定是沒有救了，幾乎快要準備辦後事了。」歷劫歸來，家人愼重到「李聖宮」拜謝。

熱騰騰的豬屎

既然出海捕魚的風險如此之高，吳清友的祖母努力攢錢買田購地。土地得之不易，吳家因而倍加珍惜，經由父祖三代人的辛苦澆灌沃肥，才得以生養作物。之後他們又開鑿兩口魚塭，有田有塭有海。相比於其他只靠海維生的人家，吳家的孩子下田落海兼而有之，總加倍繁忙。

小時候，天剛亮，吳家的男孩子們就被大人喚醒，第一件工作便是拿起畚箕及特製的寬竹片出門「撿豬屎」。馬沙溝地狹人稠，沒有餘地蓋豬圈，豬隻自由放養，餵食時再喚回來，豬也從不走失或被偷。牠們往野地亂竄，或到海灘用鼻子蹭土，挖小蟹吃。豬兒一邊散步，一邊沿路拉屎。這些排遺，全是落土黃金，在古早缺乏化學肥料和魚類飼料的時代，豬屎是養殖業者的最愛。它含有豐富的有機質，能夠促進藻類生長，繁殖浮游生物，讓魚兒長得肥嫩，賣錢自用兩相宜，且有專人收購。吳清友說：「你撿，別人家的小孩也撿。撿豬屎是很競爭的，早起的鳥兒有蟲吃，早起的人兒有屎撿。」若太晚起床，無屎可撿，還會非常懊惱。

吳清友二哥吳國男回憶，每當遇見身軀肥碩的豬，便鎖定目標，尾隨其後，屏息凝氣靜待牠「出貨」。最後終於見證牠拉出一大坨屎之際，那種皇天不負苦心人的報償，「簡直比中第一特獎還要高興！」

早起撿豬糞的回憶，至少延續了吳家男丁三代人的回憶，就連年紀小吳清友九歲的小弟吳明都，也跟幾位哥哥一樣，從小熟練於此道，「你能想像，冬天大清早熱騰騰的豬大便，還冒著煙呢！」他說。

那是台灣普遍貧困的年代，吳家孩子從小學會到溪裡放竹簍，撈一些蝦蟹，增加食物；到海灘挑蚵仔殼，到海裡採擷海藻，或貼補家用，或回家煮食，吳清友說：

「看似如同嬉戲的採捕，其實是十分難受的。站在淺水的海灘裡，就算腳痠了也沒有地方可休息，烈日炎炎就在頂頭上曬到全身火紅。若是寒冷冬天，在海水裡泡著雙足格外冰凍，衣服濺濕了，海風一吹，全身直打哆嗦。」

吳清友與哥哥、弟弟皆熟悉海水何時漲退、何時捎來漁汛、也學會運用祖先們留下的口訣，觀察天氣。至今他們仍能隨口說出：「月圍箍，火燒埔；日圍箍，欲落雨。」大意是，若月亮旁有一圈霓光，隔天一定會無風無雲酷熱無比，足以將草埔地曬枯；若太陽旁散發一圈朦朧的日暈，那麼很快就會下雨。

稻子成熟時，農人用鐮刀徒手收割，再用打穀機剝離出稻穀，總有尾端殘留幾顆細小的穀粒，留在田裡任人「撿稻尾」。吳清友小時候常拿一個小籃子，在田裡將稻尾殘存的穀粒，用手一粒不剩地擼落，這動作台語叫做「擼尾啊」。最後再趕鴨子去把人眼遺漏的穀粒，一粒粒啄食淨盡，絲毫沒半點浪費。後來他念到唐詩「誰知盤中飧，粒粒皆辛苦。」就不只是字面的意思，而是油然而生的感受。

吳清友說：「因為曾親手『擼尾啊』，讓我深深體會到每一粒米之可貴。這不是一分錢或十塊錢的問題，更不是貴的才有價值，而是它背後付出的汗水，使它如此令人珍惜。」

吳家日夜燒著三口灶，燒著人吃的番薯簽、豬吃的地瓜葉與廚餘，好日子才吃得到米飯。平時他們要去木麻黃防風林撿拾斷枝，蒐集乾燥針葉，充當燃料。地下水充滿鹹味，無法飲用，他們要去村東匯聚雨水的池塘挑水。吳家孩子在不同年紀都曾在晨昏來來回回擔任挑水伕。直到後來他們在後院開挖了一口井，泉質意外清澈。農忙後，滿身泥沙的大人可以快速沖涼，夏天可以浸泡西瓜，如同天然冰箱，滋味更好。在老宅拆除之後，成為現今吳宅唯一的遺址，依舊每日汩汩流淌，提供馬沙溝鄉親自由取用。

魚塭

吳家虱目魚塭不大，卻是生活重心，虱目魚是極為敏感害羞的魚類，太冷太熱都會讓牠們瞬間暴亡。越冬時，必須把魚趕入深池，同時在水面鋪上乾草蔗葉擋風保暖，巡查時也必須輕步緩行，以免驚擾魚的休眠，照料極費心思。

魚塭旁都是引用海水的大排水溝，虱目魚需要來自清新海水的養料，養魚人家必須配合潮汐，退潮時利用水位差排出廢水，漲潮時引入新鮮的海水。引水口水槽設有二道木製閘門，藉以調節水位高低，同時控管水溫不致一下相差太大，魚群受不了。

這樣子，漁家人的生活節奏無形中由潮汐起落來決定。春夏秋冬不論晴雨颱風酷寒，吳家兄弟們都曾陪著父親半夜去魚塭換水，冬夜寒流來襲，也要赤腳站在海溝裡。運氣好，遇到國泰民安的豐年，田間傳來振奮人心的打穀機聲音，而魚塭裡漁人合力捕獲的圍網中，肥美的魚群狂亂扭動騰躍，發出閃閃白銀似的鱗光。之後，池水放乾，他們又得踏到池底的爛泥裡工作，反覆翻土、曬土，在陽光下曝曬好幾個月殺菌，去除腥臭，才能再養出鮮美的魚。

這從泥土裡打滾的生活細節，都讓吳清友領悟到，人和土地是不可分割的，「所有跟土地搏感情的事我都做過。但是我不認爲這些事情卑微、低賤。正好相反，它們給我一輩子的生命養分，讓我覺得自己眞眞實實地活過、存在過。」

有時遇到颱風，海水倒灌，將辛苦養肥的魚沖到一尾不剩，過去這一年的心血和苦力、水電飼料費全付諸東流；有時強勁寒流來襲，臨海地區僅四、五度，凍得魚兒睜著又圓又黑的眼睛，含冤莫白地死去。每當有第一隻魚翻白肚浮出水面時，其他魚群便會因驚嚇過度，如蝴蝶效應般一隻一隻接連暴斃。虱目魚群的死亡像傳染病，他們得趕在災情惡化之前，全家動員將這些魚屍撈出。

每每吳清友並肩和哥哥們站在岸邊，面對池畔成堆的魚屍，身爲孩子的他們，也只能陪著父親無奈嘆息，連一句安慰的話都說不出來。

1｜在馬沙溝的田地與魚塭間一塊長草茂盛的荒地，兩座相鄰的老墳墓，是吳清友祖父與祖母的埋骨之地。

2｜馬沙溝這裡不管小孩、大人，每個人都有一雙厚實長繭的腳。「貧瘠」不是形容詞，它是堅硬的實存物，能在這裡存活得下來的人，可一點都不嬌弱。

1
2

第二章

野地哲學家

馬沙溝的人們認命地從一個漁汛，追逐到下一個漁汛；從這一季的收割，盼到下一季的收割；從一個日子流向另一個日子，未曾留下太多的紀錄。

只知道，半個多世紀之前，將軍溪還沒汙染的時候，出海口潮間帶，退潮後的淺灘泥地，可以用耙子掘取新鮮的貝蛤海鮮等。馬沙溝的養蚵人家，在內海插起一枝枝竹子做的蚵架，連接成蚵棚片片，養殖著牡蠣（台人習慣稱為「蚵仔」）。

養蚵婦人多半戴著斗笠，用一塊大花布罩臉、長袖套、長褲、穿著雨鞋，行走在淺海蚵架間工作。她們多半遮住了臉，只露出眼睛，像一群沒有清楚面貌的人們，與大地合而為一。

吳清友的母親陳惜也是如此。

養蚵婦女

她出身保正家的么女，原是備受寵愛的大戶人家千金，只需紡紗織布。可是嫁來吳家之後，卻只能居住在悶熱的茅屋，全身長滿痱子，生養九個子女之餘，仍要下田耕種，泡在海裡採收牡蠣。吳清河總括說：「我母親的一生，就好像一個不斷旋轉的陀螺。」

不管是向土地種或向海裡討，養蚵、飼魚或是種稻米，不變的是「看天吃飯」，成串纍結的蚵架，插在海的淺灘裡，任其生長。然而，浸泡在鹹苦海水裡的，又豈止是看不見的蚵苗，討海人的心也是。

經濟好一點的採蚵人家用牛車載，沒有牛的，就憑肩來挑。夏季陽光炙燒皮膚，海面反射的水光，也幾乎令雙眼為之目盲。吳家的孩子都記得，媽媽往往一大早就到蚵田去採收，爲避免採收慢了，肥碩的牡蠣變得消瘦，還得趕在漲潮前挑上岸，以免遭到海潮淹沒而流失。爲了趕時間，她往往才挑到岸邊，又趕忙回頭再挑另一擔，只能邊走邊休息，經常一天挑好幾擔牡蠣回家。

鄰人總是誇讚說，如果不是親眼看見，眞不敢相信，這麼一大堆的牡蠣殼，都是她一個人挑回家的。

尤其冬天時，一般人光待在家裡吹著凜冽的寒風都受不了了，她仍然到海水裡工作，將採收的蚵，一擔百來斤挑上岸來，有雨鞋可穿就穿，有時節省一點，連雨鞋也沒有，光著腳就下海。一不小心被銳利蚵殼劃破腳掌，她忍著傷口泡在海水裡勞動。蚵殼沉重如石塊，壓得扁擔都綳彎了。人如負軛前行的老牛，步履深深插入黑黑的沼泥裡，腳趾便再也分不開。

陳惜往往天一亮就起床，先去田間工作，再回來梳洗、吃飯。因爲有忙不完的工作，吳家孩子起床、上學全自己打理。老么吳明都說：「我媽太忙了，我從來沒有機會吃到她為我準備的便當，都是自己來。」

孩子們都記得，媽媽的個子不高，但體力好，動作快，睡得少，卻很有精神。她曾自豪地對子女說，她生養九個孩子，很少讓孩子尿布濕了，她總是睡幾小時，就醒來喚孩子去小解。遇到大拜拜或家有要事，她一晚只睡兩小時，隔天依舊勞碌不倦。手部因過度使用，大拇指骨頭都變形了，手腳皮膚不是結繭就是傷疤處處。

她不識字，卻有自己隱然的價值世界，堅持做人不變的規矩。

在吳家最窮困時，她甚至自己只吃少少的一、兩餐，將菜飯留給丈夫和小孩。若遇到馬沙溝拜拜的大日子，她煮了好料、新鮮的食物，一定先端給公婆享用。即使是最家常的虱目魚，也將最肥美鮮嫩的魚肚留給公婆，先生吃肉質厚實的魚背，孩子吃魚尾小腹，而她總是吃刺最多、肉最少的殘存部分。

她寬待他人，總用最好的心意款待客人。若遇到大姑、小姑回娘家（吳清友有六個姑姑，一個小叔），陳惜定拿出最好的東西給她們當做伴手禮；逢年過節先挑出最大最肥的那幾尾，送給親朋好友，剩下細瘦的雜魚，留給自家。

有時婆婆生悶氣不開心，身為長媳的她，跟著丈夫帶領所有孩子們，二話不說，在老人家床前長跪不起。好幾個鐘頭過去了，直跪到婆婆氣消，肯起床吃飯才停止，即便根本錯不在他們。

母親的格言

吳清友的母親，給子女的是無形的身教與言教，她不講什麼大道理，但有幾句口頭禪，令子女們終生受用不盡。

她注重家庭倫理關係，一再要求子女：「大漢要讓小漢仔，小漢仔要尊敬大漢仔。」（大哥大姊要愛護禮讓弟妹，弟妹們也要以尊敬之心回報。）因此他們九個兄弟姊妹總是長幼有序，及至晚年，他們都兒孫成群了，依舊親愛如昔。

孩子多，資源少，難免有競爭的時候，她教小孩：「相分，喫有賰；相搶，喫沒份。」（互相禮讓，大家都有得吃；相反的，互相爭搶，誰都沒有得吃。）在這些口頭禪之下，吳家九個孩子，兄弟姐妹幾乎不會大小聲，沒有過惡言相向。

傳統台灣家庭，大都重男輕女，陳惜沒有受過教育，體認到文盲的痛苦，她總用台語對子女說：「讀冊識字，麥做青瞑牛。」她自己甘願做牛做馬勞苦，也要供兒子念書。這句話給吳家兄弟很大的刺激，鼓勵他們珍惜可以受教育的機會。

她深知凡人有限，有更高的神明，遙遙俯瞰人間。她不時會說：「人咧做，天咧看。」吳家九個孩子從小根深柢固就有這些觀念，舉頭三尺有神明，考慮自己一言一行，是否合於公理、道德。

等到子女們出社會工作時，她又說：「汝愛坐人的船，就要人的船能走。」（搭人的船，就要讓人的船跑得快。）意思是出門謀職，要把公司的工作當作自己的事業來打拚，同時謹守「汝愛乎人偏，勿倘偏人」②的信條。

她即便有忙不完的家務，出門下田工作時，仍會把頭髮梳乾淨，回來先洗臉刷手腳。她要求孩子不論何種狀況，儀容絕對要保持得整齊。她常說：「喫好喫歹底厝內沒人看；出門一定要穿整齊，勿使襤衫破衣。」（在家吃得好壞外人看不到，但出門在外一定要整齊清潔，不可破衣爛褲）。

吳家重視榮譽名節勝於一切。吳家兄弟們印象最深的是，母親常常對父親說：「虎死留皮，人死留名。」當吳清友父親破產時，這句話更顯出其可貴。

「付出」就是所得

這些聽來俚俗的口頭禪或諺語，標誌著一個老母親簡樸的人生信念。吳清友說，他母親所有眞心相信的事物，都來自生活經驗的總結，或緣於宿命得來的觀念，她自己甚至不曉得這些叫做「人生智慧」。

陳惜是個野地的哲學家。

吳清友童年經常跟隨母親一起在田裡海邊工作，但這麼勞苦、辛勤的工作，一夜之間，颱風來了、淹大水了，便可以輕易將一整個產季的付出都毀於一旦。作物倒地泡水發芽，所有耕耘的成果都沒有了；或是倒灌的海水沖垮堤岸，魚苗被水沖走，他們卻只能默默承受巨大損失。

吳清友回想，自己在學校國語課本上讀到的「一分耕耘，一分收穫」，他拿來與現實對照，童貞的心靈，感到莫名的挫傷，「我們辛勤耕耘十分，老天爺卻連一分都不願賞賜給我們。」

他心底起了疑惑，便問媽媽：「爲什麼我們辛苦那麼久，最後卻沒有收穫呢？」

母親回說：「我們努力過，認眞付出了，這便是我們眞正的所得。」

對他母親來說，所謂「收穫」不一定是有形之物，反而可能是無形的感受、領會。表面雖然沒有得到果實，但是這個耕耘、付出、投注心力的歷程，就是生命的收穫，而且誰也奪不掉，「甚至積極一點來看，一個人可以百分之百決定要不要付出？

② 「寧可自己吃虧，也不占人便宜。」偏，音ㄆㄧ，phinn，占便宜。

如何付出？付出多少？因爲所有的決定在於你，反而沒有風險、沒有失落，也不會覺得遺憾。」

我們絕大部分的人相信「一分耕耘，一分收穫」，這意味著流過的汗水終有報償，「可是，」吳清友說，「一旦沒有眞正具體收穫時，便氣餒了、開始抱怨上天不公了。」

然而，宿命的馬沙溝人，面對橫逆災禍，他們無法感慨時運不濟，也不能呼天搶地。況且，颱風不是只來一次而已，有時一年來兩三次；山洪暴發淹大水，也不會說今年來了，明年就不來了，人們更不會因爲會淹水就索性不耕種。

野地哲學家

吳清友母親的一生，就是這樣的典型，他說：「她對我們家但求付出不求回報的精神，教我們深刻體會到，我們眞正擁有的其實正是我們的付出，我們所付出的是我們眞正的所得。」

這句話，吳清友牢牢記到現在。在一生中，不同機緣總回想這段小故事。之後，吳清友之所以能夠熬過生命中每一段艱辛的年歲，追本溯源，來自童年時與媽媽在田間勞動的對話。母親的一句話就足以安頓他一生。

吳清友在台北事業有成之際，有幾回節慶假期，帶兒女回老家省親。即使陳惜受兒女孝心奉養，並未就此養尊處優。吳清友的女兒吳旻潔回憶，每次漫長旅途開車回鄉，總記得阿媽蹲在地上，身邊牡蠣堆成小山那麼高，她和哥哥及眾多堂姊妹們，蹲在阿媽旁邊圍觀，好奇注視她俐落地用刀子敲殼、一顆接一顆剖開牡蠣，把蚵仔肉剔出來。小孫兒們想幫又幫不了什麼忙，只能輪流用小手遞牡蠣給阿媽，她說：「印象最深的是，阿媽的手指好黑好粗，皮又好厚，就是一雙做工的手，而她的背從來不是挺直的。」阿媽剖完牡蠣之後，又轉到廚房忙，好像從不需要休憩。

陳惜一輩子給了吳家、給了孩子。即便到了晚年，她仍樸實寧靜地爲所當爲。凜烈的冬日，若遇到陽光滿埕的日子，她搬張小凳，坐在庭院，就著和煦的陽光，以嫻熟的動作挑揀虱目魚脯殘存的細刺，寄給台北的孫兒享用。鄉里後輩總是驚嘆著：「阿姆，汝的目睭也這呢利唷！」（伯母，你的眼力可眞利啊）。

她的一生，最終留給子女綿長幽深的懷念，番薯不驚落土爛，只求枝葉代代傳。

1 | 陳惜一輩子給了吳家、給了孩子。即便到了晚年，她仍樸實寧靜地爲所當爲。

2 | 吳家重視榮譽名節勝於一切，陳惜常常說：「虎死留皮，人死留名。」當吳寅卯破產時，這句話更顯出其可貴。

1

2

第三章

挑糞的董事長

晨光微曦，吳寅卯推開家門，肩挑著兩擔水肥走出稻埕。他刻意遠離「李聖宮」前廣場，而繞較遠的小路，花加倍的氣力，走到吳家的魚塭餵飼虱目魚。

即使父親去世多年，吳清友永遠記得他的背影。

吳清友的父親吳寅卯，出生於日治時期一九〇九年，是八個孩子中的長子。早年吳家沒有自己的田地可以耕種，只能過著原始的採集生活。吳寅卯童年跟隨纏過小腳的母親走遍田野摘野菜，不畏火傘高張的艷陽，撿拾別人丟棄的枯地瓜葉，或是挖掘別人田野裡收成之後殘餘的番薯。

有一回，他們母子在田間撿拾地主採收之後丟棄的細瘦番薯時，卻被地主誤會偷挖，吳寅卯眼睜睜看著自己的母親遭對方一陣毒打與羞辱。因此年幼的他，看到別人家綠油油的稻田、或是收穫了成堆的番薯，往往心生羨慕。

每當潮退，吳寅卯經常整個午後都泡在淺灘，彎腰低頭，在蚵架間採摘浮出水面的海米粉，他曾這樣描述：「經常做得汗流浹背、腳痠手軟，臉頰曬得像紅龜③一般，再轉成黝黑，終於脫落一層皮。」

終於有了自己的田地

直到吳寅卯七、八歲的時候，家中才擁有第一塊自己的田地。這塊地，是他母親努力攢錢，才以當年的兩百元，買得這塊二分九厘的田地。當年一個政府職員的月薪不過十塊錢左右，這筆錢大約是政府職員一年半的薪水，能存下這筆錢得多麼精打細算。同時，他母親還攢節家用，積少成多，遂得以將茅草搭蓋的祖宅，改建爲磚造紅瓦的三合院房屋。

有了田地，吳家脫離了採摘野菜的苦日子。身爲大哥的吳寅卯更加努力，往往天剛亮，他就拿起特製的畚箕和竹片到林間小路撿拾豬屎，往往撿得又多又快，他得到母親的誇讚，就如同在胸前別了勳章，高興一整天。若是起床遲了一些，動作太慢，豬屎被人捷足先搶，「那種頹喪的感覺就很難消受。」

爲了養地，吳寅卯十四歲就學會犁田技巧，各種農活他一概精熟，經常利用一大清早，趁著人們尚未起床，挑著笨重的水肥，灌溉農田和魚塭，期待有好一點的收

③「紅龜」台語唸ㄤ ㄍㄨ，指皮膚被烈日曬成赤紅色。台灣民間普遍食用「紅龜粿」，外裹糯米皮，內包豆沙或蘿蔔絲等，蒸煮前先將粿皮染紅，用模具壓印成龜型圖樣，再放到蒸籠裡蒸製而成。

穫。年輕時的吳寅卯，常在夜晚，孤單一人，提著燈火，到空曠的海裡捕捉海鮮。吳清友感佩父親的辛勞，曾寫下：「他從困頓的歲月走來，從小勤快幫忙家務，撿不完的豬糞、採不盡的野菜、挑不完的水、捉不完的毛蟹，住的是茅草屋，吃的是番薯簽。」

苦苦哀求上學

即便從天亮忙到天黑，吳寅卯也只能勉強求取溫飽。不論是肉體的或是精神的，飽嘗著油煎火燎的飢餓感，他渴望讀書上學。

十一歲，吳寅卯入了「李聖宮」旁的私塾，學習簡單的漢文。後來日人強化統治，私塾被查禁，藉以消滅漢民族意識。

兩年後，進了日本人設立的公學校（相當小學），接受六年日文教育。在當時教育被視為奢侈的年代，村民餬口尚且不及，怎有餘力供養子女上學，書本既填不飽肚子，也不能當飯吃。因此，早年馬沙溝家長不重視孩子升學，讀書風氣低迷，與他同年級的十幾位同學，在生活壓力之下紛紛中輟，能畢業的只有吳寅卯和另一名同學。

他求學的心志是那麼的堅定，想要繼續就讀「學甲高等科」，但文盲父母不對教育有期待，左右爲難。幸好保正（里長）疼惜這個好學的馬沙溝子弟，出面說服。

十九歲的吳寅卯，在繁重的家庭勞務中，仍每天步行十二多公里到學甲庄念書，走路一趟就得花去兩小時。他總是天未亮，在滿天星斗下摸黑出門上學，一有空閒便沉湎於閱讀，熱心知識的追求。但一年後因太過操勞，體力透支，病倒了。他不得不忍痛放棄學業，深深體會想要讀書卻求不得的苦楚。

他頭腦好，向親戚借來腳踏車，開始做起豬屎買賣生意。他批發的豬屎貨眞價實，服務周到，很受魚塭主的歡迎，生意做得有聲有色，爲家裡解除不少經濟壓力。但吳寅卯仍一心希望有機會能再上學。他很快就發現，其他休閒都比不上手裡有一本書，只要讀著文字，就足以令他心生快慰，他說：「在孤單寂寞時，讀一點書就能夠滋潤空虛的心靈，充實枯燥的生活。」

以致於，當保正告訴他三年制的「安平水產專修學校」正在招收新生的消息時，他是何等興奮。

吳寅卯苦苦哀求父親給他上學的機會，在保正勸說下，終於得到父母首肯。念書的機會得來不易，他非常用功，日夜勤學，總讀到室友要睡覺了，抱怨他桌燈擾人清夢，才勉強關燈上床。待室友熟睡後，他又偷偷爬起來，調整光源角度，埋頭第二回合夜讀，「這時，同學的鼻息聲、我的翻書聲、燈泡的電流聲交織在一起，打破了深夜的沉寂。書讀得愈透澈，我精神愈爽快，睡覺愈安穩，吃飯愈香甜。」他發狂似的讀，每學期都是第一名。除了最後一學期又累出病在家休養。

即使少了一學期成績，他仍破天荒以第二名成績畢業，成爲馬沙溝有史以來第一位完成高等教育的「開路族長」。日後，也常以自己的事跡勉勵子女用功。

事業有成之後，吳寅卯花了很多心血，從無到有，募錢募地集眾人之力在村東一片蔗田之間，爭取到「長平國小」的設立，免去馬沙溝子弟長途奔波求學的艱辛。吳家孩子都進了這所學校，他也連任了十七年的家長會長。

一度風光發達

吳寅卯的經歷在那個年代可以說十分傳奇。他苦學有成，日治時期當過三年國語④講習所老師、七年漁會職員。光復後在台南市發展，先與朋友合夥布料批發生意，待大兒子接手之後，他轉而擔任一家罐頭食品廠的董事長，一度風光發達，卻也埋下日後破產的遠因。

當時，吳家在台南市區有董事長公館，備有私家車、司機，生活頗爲優渥。

吳清友記得小學三、四年級時，過新年，跟爸爸、哥哥穿著同一塊布料，精心縫製的全套三件式西裝。那年代不光是有錢就會買西裝，小孩新年穿西裝，代表著相當的品味。受日本教育的吳寅卯，身高一百七十五公分，白襯衫燙得直挺挺的，腳穿白皮鞋，頭戴一頂南洋帽，儀表英挺不浮華，裡裡外外乾乾淨淨，應對進退分明有節。即使經濟轉好，他們仍兼顧了不同的工作，下田落海照樣忙碌，沒有享受到休閒的滋味。畢竟從辛苦的家庭出來，總是想要買多一點田地，未雨綢繆。

吳家每年除夕夜都有一個儀式。年夜飯之後，吳寅卯會召集九位子女，連同父母共聚在一起，發表他的「新年談話」。主題是這一年的總檢討，誰的課業念書待加強？如何待人接物？或社會上鄰里間有什麼好的例子，可以供他們學習等。

之後吳寅卯又提起毛筆，端整寫下幾則訓勉的話。他寫得最多的是「誠」與「信」。他經常對孩子說，人言爲信，誠者成也，代表講出的話，要做到、做好，承諾很重要，只問該不該，而不問利害。

孩子聽完庭訓，期待的最高潮是老爸早已準備好的紅包。都是剛換來的十元新鈔五張，像新教科書一樣，紅色的油墨聞起來還有宜人的香味，枕在頭底下，滿足得不得了。這筆壓歲錢，哥哥們買鉛筆、文具及書籍，吳清友拿去甘仔店抽糖果，自得其

④日治時期之「國語」指的是日語。

樂一番。

家境轉好的吳家，也成為馬沙溝第一家「牽電火」的人家，夜裡，小小鎢絲燈泡照亮著每個人的臉，不必再聞煤油的臭腥味。夜裡，鄰人來央求吳寅卯讀信、寫信；或要他舉起薄而透光的成藥說明書，就著燈泡解說服藥的方法。吳寅卯為人公正，受鄉里尊敬，因此鄰人之間若有什麼紛爭，也常到吳家尋求排解，因為他們都信得過「寅卯公」、「寅卯叔」的為人。因此，每晚家裡都很熱鬧，「我們家根本就是社區活動中心。」年紀最小、留鄉最久的吳明都說。吳家孩子從小看著父親為村人讀信寫信，待他們讀書識字後，就變成他們的工作。

家裡還有一台日式古董級的收音機，不太靈光，總是傳出嘁嘁喳喳的雜音。他們將耳孔緊貼著喇叭，仔細分辨傳來的日文或中文廣播，有時傳來古典音樂，慢慢對外面世界生出了一些想像。

破產家變、全台霍亂大流行

然而，等吳清友快要念初中時，吳寅卯身為公司董事長，為人「作保」受到拖累，一夕破產。那是一九六二年夏天，吳家九個小孩還嗷嗷待哺，么兒吳明都不過才

四、五歲大。吳家子女經歷一次人生的大震撼。

那一天，吳寅卯將所有兒女叫回鄉下，人員到齊，他嚴肅慎重宣布這個惡耗。他決定承擔一切，牽手也對他說：「虎死留皮，人死留名。」再苦都要抬頭挺胸。

曾有人好心建議他脫產，吳寅卯引用唐朝詩人于謙在〈石灰吟〉裡的詩句「要留清白在人間」表明心跡。他認爲一個生命，能夠做到一生純潔清白，便可以問心無愧。

他不希望後代子孫抬不起頭，被人指指點點說「伊的老爸倒別郎的錢」或「伊老爸尬郎不清楚」（他父親跟別人有糾紛）。家庭會議之後，吳寅卯決定將一生辛苦攢錢買下的田地、魚塭變現，也將工廠股份賣掉。家產所餘無多，僅留下賴以維生的一小塊田地。大家掉著眼淚，一致同意做了這個決定。

一時間，吳家從小富轉而爲大貧，當年剛進台南一中的老三吳清河記得很清楚，「我們心裡都下定決心，共同承擔，從頭好好拚，那種想要改善家裡經濟條件，重振家門的心念很強。」

這一年盛夏，全台爆發霍亂大流行。交叉傳染及群聚效應下，疫情一發不可收拾，近四百人感染，二十多人甚至因此喪命。風聲鶴唳之下，人人都得注射疼痛不堪的霍亂預防針，搭車時必須攜帶「防疫注射證明」，否則不得搭車，其疫情嚴重可見一斑。時值溽暑，連帶的各類水產均無人敢食，行情暴跌，吳家的虱目魚全數滯銷，「這樣艱苦的一年，我們還碰到這樣的事情，眞的是雪上加霜。」吳清河說。

這次霍亂肆虐歷時三年才平緩絕跡，可想見，斷了經濟來源的吳家那幾年如何之苦了。

挑糞者

五十多歲的吳寅卯從一位事業成功的董事長，轉眼失去所有。他含垢忍辱，每天挑糞、餵魚，彎下腰捲起袖子種田。吳清友說：「父親不抱怨、不藉酒澆愁、也不找人討債，他甚至沒有責怪任何人。」

然而，吳清友感覺得到，父親內心承受著某種創傷。因爲從他們老家到海邊的魚塭，有兩條不同的路：一條直接經過廟埕，比較近，但是人比較多；一條要繞到遠路，比較偏僻，人比較少。

想想，吳寅卯本來是穿西裝、有私家車的董事長，也是馬沙溝學歷最高的知識分子，如今每天做著挑糞、處理排泄物的卑微工作，他心裡仍有其煎熬吧。吳清友嘆一口氣：「他當然也有他的自尊。有，我知道！他不喜歡走廟埕前的這條路，他寧可大清早五點起來繞遠路，也不願大白天擔屎被人看到。」

他們一路見證著父親這樣起落的歷程，從清貧到小富，從小富轉到大貧。這不是課堂書本教的做人要「砥志礪行」、「勝不驕，敗不餒」或是所謂「大丈夫能屈能伸」這一類空話，而是每天在「生命現場」看到、親身感受到的。父親一生中不管順境或逆境，永遠是挺起腰桿的，頭髮乾淨整齊，梳理得非常有精神。

吳清友說：「我看他從一無所有到力爭上游，最後又變成一無所有。他為我上了生命寶貴的一課，這不是兩年、五年，而是十幾年的堅持。他的一生活得如此硬氣、有韌力、有擔當。」

人生是修煉的道場

吳清友的父親給他的禮物跟媽媽給的不一樣，他眞正是個「男子漢」。吳寅卯受日本式教育，一生可說是日本「經營之聖」稻盛和夫畢生哲學的體現。稻盛和夫說：「人生可以說是專門為心的修行而設的道場。」人生不是來享受的，人生是來探索的；眞正的探索，在於追求能力做不到的事，經由超越你能力以外的困難，才能眞正驗證一個人。然而，驗證結果的成功或失敗，並不是人生眞正的目標；眞正的目標是去體驗這個奮鬥的歷程，一個男子漢要有膽量、有勇氣追求那個要驗證你的挑戰。

吳寅卯終生建立一套可以信守的價值觀，同時相信這套價值觀。最慘的人生，或許並不在於物質的窮困，而在於沒有信念。人若無信仰，就眞的一無所有了，吳清友承繼了父親的精神，「人不一定能克服這個挑戰，可貴的在於嘗試的勇氣，不能輕易向生命或環境低頭。我父親服膺這樣的理念，我也被教育成這樣的價值觀。」他說。

燃燒生命的「農夫」

吳清友十分珍愛已故台灣雕塑家陳夏雨的作品，在陽明山家中，客廳最醒目的位置就陳列著陳夏雨的作品「農夫」。

塑像不大，僅高四七．二公分，身形健壯粗獷，呈現出一位樸實善良的農夫典型。可以感受到，日頭赤炎炎，農夫在田地裡打赤膊，一手拄著鶴嘴鋤，好像才剛剛掘完土，一手置於眉梢，以手爲簷，遮掩烈日。一邊用手臂抹去眉梢滴下的汗水。藉這小片刻，歇喘休息。他的眼光悠遠的、安然的、謙卑的看著遠方。

吳清友經由「農夫」，投射父親「挑著水肥，供養兒子念大學」的形象。他深切感到，一般人的價值觀，太容易以表象或形式上可被辨認出來的成就，來評價一個人。「我相信很多所謂『失敗』的人，他們的生命歷程、面對生命的態度可能更加可歌可泣，更值得尊敬。反而，有時成功，是幸運成分居多，並無可驕之處。」

這些土地孕育出來的勞動者，有時爲了溫飽，讓小孩受一點良好的教育，希望子女將來出人頭地，不管多辛苦都甘之如飴，把生命的油燈燒乾了。一切爲家人、爲子女，這簡單的念頭，成爲他們生命豐沛的泉源，他們生命便是美善的。就和馬沙溝一樣，村民是世襲的土著，也是大地的效忠者，人與土地之間經由搏命、流汗耕耘，建立深厚的信賴關係，土地以外，人別無依憑。

吳清友經常想到，生命太奇妙了，上天賜給他一個哲學家媽媽，又安排了一位硬漢爸爸，讓他稍微有點志氣，「只要想到父親的困難，冥冥之中我身爲他的兒子，見證過他走過高峰、瞬間崩落、又摔到谷底……跟他相比，往後我的人生困境又算什麼？」

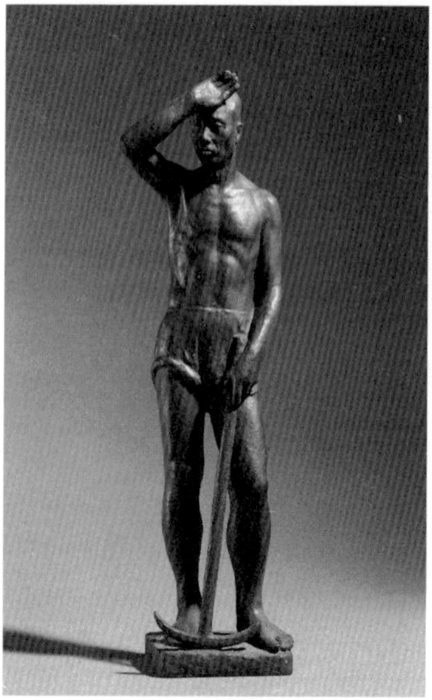

1 | 吳寅卯一生不論順境或逆境，永遠挺直腰桿，謹慎自持。破產後六、七年，吳家經濟仍未復原，吳寅卯赴成功嶺探望四子吳清友時，仍一貫的西裝筆挺，整潔自重。

2 | 吳清友家中客廳陳列著台灣雕塑家陳夏雨的作品——「農夫」，他以此作品投射父親吳寅卯「挑著水肥，供養兒子念大學」的形象。

2 | 1

第四章

離家的孩子

午后，馬沙溝長平國小，吳清友邁入了童年的母校。學生放學了，校園很安靜。拱廊左右兩側，沿著教室種植著一排菩提樹，老幹粗壯，茂密的葉片像彼此簇擁著熱情油亮的心。吳清友站在斑斕的樹蔭下，一邊看菩提樹葉在微風中掀騰翻飛，一邊任由南台灣夕照暮靄暖暖烘著。戴著圓框眼鏡的他，很像一位慈祥的祖父，笑得如此無爭、如此平和。

即便操場鋪上鮮麗的塑膠跑道，周遭景色也有不少改變，五十多年了，吳清友回看，童年的一切猶在眼前。畢竟，這是他父親熱心奔走籌建的學校，他反剪著手，緩緩漫步。校園裡有草創時期哥哥親手墾荒栽植的花圃，走廊牆壁彩繪著「文天祥捨身取義」、「岳飛精忠報國」的古典壁畫。柱子上貼著幾張學生書法作品，他想起自己父親也雅好書法，彎腰端詳片刻後，頷首稱道：「噢，這字，寫得真不錯呢！」

終於有了學校

馬沙溝原本不存在學校的。吳清河回憶，早期，村民在「李聖宮」後方一間簡陋的屋子，成立了「將軍國校馬沙溝分校」（相當今日小學），一間教室，幾張桌椅，便權充教室教學。

吳清河升上二年級之後，又換到距「李聖宮」一公里遠的倉庫上課。這裡原是日本人堆放鹽包的地方。倉庫年久失修，屋頂破了，下雨時室內滴水，大家拿錫桶接水，或是挪動桌椅，避開雨水。若遇到豪雨來襲，室內一樣滂沱，根本無法上課。

等升上三年級時，極少數繼續升學的孩子，便要走到五公里外的「將軍國校」上課。但是，路途遙遠，走路將近一小時，加上田間荒野、茂密蔗田裡，時不時竄出惡狗，追著人咬；或是陰風陣陣的黃昏時分，吹起要命的狗螺，雞皮疙瘩一陣痙攣。這恐怖沒有幾個小孩消受得了，在那吃不飽的年代，絕大多數的孩子都僅念兩年小學就輟學了。

爲免學子奔波之苦，在吳寅卯奔走鼓吹之下，村民有的出錢有的捐地，鳩集眾人之力，在村子東邊兩公里處，成立了「將軍國校長平分校」（今天的長平國小），吳清友的三哥吳清河便是該校第一屆學生。

說是學校，也不過就是由甘蔗田徵收來的一塊農地。建校頭幾年間，學生每天下午都在墾荒、植樹、做花圃，逐漸把學校打造成今日綠蔭盎然，寧靜典雅的樣貌。這也是吳清友開始讀書的地方。

注重教育的吳家

身爲馬沙溝第一代知識分子，吳寅卯對子女教育的注重不在話下。吳清友的母親早就諄諄告誡：「讀冊識字，麥做青暝牛。」陳惜自己失學，卻傾心爲子女教育設想。她領著孩子，利用魚塭旁一塊地勢較高、排水良好的田地耕種，除了一年一穫的水稻，中間穿插輪種番薯種苗、蔥、蒜、地瓜等應景節氣蔬菜，且趕在盛產季前，賣得較好的價格。一塊田地經由她如此精耕細耘之下，才爲眾多子女籌得學費。

吳家的男孩們即使忙於農事，學業亦不能偏廢。從小擔任班長的吳清河，以前出門上學時，附帶一項額外的任務，他得挨家挨戶拉同學上課。特別是遇到農忙之際，班上總會有十幾位孩子缺課。讀書既塡不飽肚子，也不能當飯吃，村人把失學當成正常現象，教育只是點綴。

吳家是少有的例外，吳清友的二哥吳國男念到高雄醫學院藥學系、三哥吳清河念到成大機械系、吳清友後來也考上台北工專，都是那年代偏鄉苦學有成的典型。

怪胎與算命仙

但是，吳清友與兩位品學兼優的哥哥不太相像，他從小鬼點子多，哥哥記得，他才念小學時，就連上學途中也是邊走邊玩。左右兩手兜著手帕耍布袋戲，一人分飾兩角，鏘鏘鏘－殺殺殺－模仿台語江湖口白，搬演著好人與壞人的復仇大戰。

吳清友從各方面來說，都與其他兄弟不太像。他從小就手長腳長，大家都以台語喚他綽號「躼腳仔」、「躼腳友」。他的腳不只長，還非常之細瘦，哥哥們都笑他長得一對「鳥仔腳」。他蹲下來，膝蓋立刻頂到臉頰邊上，幾乎快與眉毛等高；再加上他頭也大，頭皮又很鬆，用手一抓，皮膚可以往上拉開來，或揉出皺摺來。因此他在「躼腳」綽號以外，也被叫做「大頭仔」。

其實，這是種特殊的生理特徵，肇因於結締組織的鬆脫不緊密。他日後才知道這是要命的問題。

有一年過年，平時聚集小販的「李聖宮」廟埕，更加熱鬧了，賣零食、童玩、抽糖果一樣不缺，就連相命卜卦的也來擺攤。還沒有上小學的吳清友拿著壓歲錢去逛，有一位不知打哪來的算命仙，看到晃盪走過的吳清友，忽然招著手喊：「喂，囝仔，你過來，過來！」

五、六歲的吳清友未明所以。待他走近，相命仙摸著他光溜溜的大頭，問他姓什麼？誰家的孩子？沉吟一會兒，便對往來圍觀的人說：「這個囝仔將來成就不得了哇！」隨即轉頭對他說：「汝以後會成功，賺大錢！」

他似懂非懂害羞地跑開了，回來連珠炮跟阿公報告：「阿公阿公！相命仙說我以後會成功賺大錢。」慈祥的阿公笑著消遣他：「嘿，你這個躼腳，又擱沒半丁肉『散逼巴』，安怎樣賺錢、成功啊？」這件事在村子裡流傳起來。就連三哥吳清河也曾聽父母親、鄉里人提過，大家都把它當成談笑的趣事。反倒是，當吳清友頑皮性格發作，惹得阿公不開心時，阿公就罵他：「汝係海邊林投樹角下撿來的！」（你是林投樹下撿來的）。

沒有電扇的炎熱夏夜，吳家人習慣在晚飯後坐在庭院乘涼。小孩在外鋪草席，或是看星星，或者睡覺。「大頭仔」經常睡到一半，會忽然夢遊般站起來走來走去「憨眠」，叫醒時不知身在何處。日後吳清友的確有著夢想家的特質，也有某種執迷不悟的勇往直前。

十歲離家

當年仍是考初中的年代，初中考試競爭之激烈不下於大學聯考。吳清友在馬沙溝念完四年小學，父親擔心他在鄉下沒能好好念書，前景堪慮。仿照他兩位哥哥模式，將他轉學到台南市升學名校「成功國小」續念五年級，並開始和三哥在台南租屋同住。三哥吳清河大吳清友三歲，向來與他最親近，感情深厚。

自十歲離家，吳清友在台南度過他少年探險式的成長，直到二十歲考上台北工專，府城的巷弄街道印著吳清友徬徨少年時的蹤跡。

吳清友跟哥哥一樣，進了同一位老師的班級。城鄉落差古已有之，三哥原本在馬沙溝的小學，每次都考一百分，每年都當班長，但來到這裡嚇了一大跳，學校數學進度超前極多，「剛開始，好像鴨子聽雷，感到極大壓力。」這位升學名師對學生要求很高，不僅天天模擬考，有時男生班還與女生班班際競賽。吳清友被趕鴨子硬上架，加入了這個升學的大洪流中。

但是，吳清友畢竟還只是十歲的小孩子，或因爲鄉愁，或因爲想媽媽，經常獨自偷哭。這種被鄉愁煎熬得難受的鬱悶心情，台灣話叫做「心慍」。而吳清河也經常因爲課業壓力和想家，夜裡暗自流淚，不敢讓弟弟發現。

雖然吳清友對家鄉的一切極為懷念，但沒有錢，一個月才能回家一、兩次。而回家路遠，得騎兩、三小時腳踏車，沿途碎石子路多，他的屁股總是又顛又疼。好不容易忍著餓騎回家，媽媽用麻油熱鍋，煎一顆蛋，加上一點糖，整個屋子都是麻油的香味。他永遠忘不了。

吳清友開始如竹筍般快速抽高，學裁縫的大姊為他做衣服，褲管的布料一定要預留很多「縫份」，先反摺在褲管內，留待日後拉出放長，三哥說：「清友往往今年要放布，明年也要放布。」他一直不斷長高。

考上初中

吳清友國小成績還不錯，經由兩年的努力，一九六二年，順利考上台南市升初中第一志願——台南市市立中學（現今台南之大成國中），開始三年的初中歲月。同一年，三哥考入原校台南一中，升上高中部。兩兄弟搬到博愛路二十八號，房子後方二十公尺就是縱貫線鐵道，列車經過時，門窗總是哐哐搖震，說話要用喊的。

這期間也是父親破產，面臨家變之際。早熟敏感的吳清河感受尤深。

吳清河回想，當年因為家變，生活辛苦，他總是在放學後，留校念一個多小時的書。黃昏六、七點，騎車繞到附近東門市場，趁著小販們快要收攤，便宜叫賣。吳清河說：「我買菜時，整個市場婆婆媽媽很多，只有我一個查甫囝仔，牽著腳踏車又穿著南一中的校服，感覺非常彆扭。」

他總是紅著臉，買完趕忙回家做晚餐給弟弟吃。爲了省錢，經常買豆干、豆腐，不是用煎，就是煮湯，一週幾乎有四天在吃豆腐。狀況好一點時，挑些便宜的魚加菜。飯後吳清友會乖乖洗碗，不再讓哥哥操煩。

吳寅卯總是定期來看兒子，經常寫一些勉勵的話語貼在書桌前，砥礪他們用功。至今吳清友仍完好保存父親親手用毛筆字書寫的「誠」字，也成爲日後「誠品」命名的由來。

對於什麼都沒有的吳家，升學是翻身唯一的天梯，如果搆不上，就可能一輩子待在鄉下種田。吳清河說：「我們都很感激父母給我們念書的機會，假定父母親沒有讓我們到台南市念書，我們一定是捲起褲腳在鄉下一輩子做草地郎，因爲左鄰右舍都是如此，少有例外。」甚至像他們父親小時候，因爲比別人多撿了豬屎而感到沾沾自喜。

想到在鄉下田間海裡辛勤工作的父母親，他們知道自己必須加倍用功。吳清河只要有零用錢，一定買參考書回來，將練習題一做再做，直到精熟。反而吳清友慢慢適應了台南花花之都的生活，心思也多采多姿起來，課業開始走下坡。

在吳清河眼中，吳清友腦筋好，只是沒有在課業上用心。他從小喜歡唱歌，頗有藝術家的浪漫情懷，兄弟姊妹公認他歌喉好，音感敏銳。六〇年代，台灣開始流行文夏、洪一峰的台語歌曲。收音機開始普遍了，大姊在家一邊做洋裁，一邊聽廣播，大街小巷傳唱著「黃昏的故鄉」「飄浪之女」「彼個小姑娘」「思慕的人」「舊情綿綿」等流行歌。這些反映戰後的台灣帶著希望、掙扎又鬱悶的時代精神，撫慰了多少青春徬徨的人心。吳清河回憶：「幾乎所有流行的歌曲，清友聽過一遍之後，就能朗朗上口，還因爲太會唱，差一點變成歌星。」當年他的招牌歌就是「媽媽請妳也保重」。文夏原唱的這首歌和「媽媽我也眞勇健」等歌曲，在戒嚴時期相繼被警備總部以「思鄉情怯，擾亂軍心，減損士氣，阿兵哥不能想媽媽」的理由查禁，一禁禁了三十年。

愛唱歌的男孩

吳清友歌唱得好，常在校園裡扛著一把吉他，自彈自唱，吸引不少女生的目光。他也常到北門路上的「盲啞學校」（今台南大學啟聰學校）的博愛堂或是永福國小的永福堂，欣賞古典音樂演出。他對音樂的熱愛持續一生，成年之後，他又鍾情於古典樂的欣賞。日後，他的祕書總在他的辦公室外聽到裡面傳來高亢的歌劇樂音，敦南誠品也常在午后或深夜響起巴哈無伴奏大提琴慢板樂章。

台語流行歌被禁之後，中學時期的吳清友開始欣賞藝術歌曲、民謠。待他歌藝進階，又迷戀上帶有濃厚文人氣息的中國民謠，譬如「家在山那邊」、徐志摩的「偶然」、曹雪芹寫的「紅豆詞」、李叔同的「送別」等藝術歌曲。他尤其喜歡聆聽早年著名華人演唱名家斯義桂（Yi-Kwei Sze）之名曲「我住長江頭」，甚至模仿他的唱腔與風采。特別在洗澡時，他喜歡在浴室忘情高歌，因為空間小共鳴好，聲音特別醇厚動聽，自己也覺得宛如巨星。

待他更成熟一點，膽量足夠了，高工畢業那年更曾在台南大飯店參加歌唱比賽。那次比賽很激烈，高手如雲，參賽者得先通過在歌廳舉辦的初賽及複賽，那時比賽都是有現場樂隊及觀眾的大場面。幾波淘汰，最後在台南大飯店參加決賽。

那年流行上寬下窄的AB褲，而且一定要不繫皮帶，只扣褲頭那顆扣子，褲腳還要往上兩折，以便露出一截雪白的襪子。因為沒有錢置裝，吳清友向在電力公司工作的長輩借來一件西裝外套，又向另一位朋友借了啾啾，打了一個小領結。「這樣的裝扮，現在想想簡直像小丑。」吳清友笑自己。在強敵環伺下，他在決賽時被刷下來了，終結他成爲歌星的美夢。

然而三哥說，吳清友唱起義大利民謠「桑塔露琪亞」（Santa Lucia），眞的很動聽。

黃昏遠海天邊，薄霧茫茫如煙；
微星疏疏幾點，忽隱又忽現。
海浪蕩漾迴旋，入夜靜靜欲眠；
何處歌喉悠遠，聲聲逐風轉？
夜已深，欲何待？快回到船上來！
桑塔露琪亞——桑塔露琪亞——

晚年，他聲稱自己歌喉已退化，無法再唱。這些天籟美聲也只能透過他收藏的「老曲盤」來追憶了。

1 | 吳清友的童年母校——馬沙溝長平國小，是父親吳寅卯（前排右四）熱心奔走籌建的學校。

2 | 長平國小校園裡有哥哥親手墾荒植栽的花圃。如今校園內綠樹成蔭，庇陰著後輩學子。

1

2

1 | 吳清友從小手長腳長，台語綽號「躼腳友」。他兩臂平伸的長度竟比身高還長，才可以拍下這樣特殊的照片。

2 | 吳清友十歲就離家求學，在台南度過少年成長期，直到二十歲考上台北工專。這段時間他如竹筍般快速抽高，學裁縫的大姊爲他做衣服，褲管一定要留很多「縫份」。吳清友與父親（右）合影。

1
2

第五章

三輪車伕與雪佛蘭敞篷車

初中三年，吳清友寄宿在外，父母不在身邊，雖然有兩位品學兼優的哥哥看顧，他卻無心於課業，課後在街衢「爲非做歹」混日子。

責任感重的吳清河對於家變感受甚深，當年公立大學只有四所，面對競爭激烈的大學聯考，他沒錢補習，一切只能靠自己。他向同學借補習講義，苦抄苦練，每天都念到非常晚。他覺悟到，家道中落之後，必須非常用功，盡最大努力考上公立大學。

但是同一時期，吳清友卻像是飄在空中的風箏，雖不致於完全失控，但總是吊兒郎當，優哉游哉，對課業漫不經心，經常晃到很晚才回家。因此，他的成績自然不突出，當時念高雄醫學院藥劑系的二哥，特地每週五從高雄搭火車到台南，爲吳清友補強數學；三哥照顧他的生活也深費心思。兩位哥哥都希望以自己爲榜樣，正向疏導他。

但吳清友不太聽勸，有自己的生活重心。有時吳清河忍不住唸他：「家裡都遇到破產這麼大的事，你還這樣皮皮的，不認眞一點，整天打混玩樂？」但是吳清友並沒有眞心覺悟。

成績拉警報

有一次，期末考來了，吳清友依然我行我素，惹得吳清河生氣訓他：「普通時間，你怎麼玩耍都沒有關係，期末考之前，好歹安分一點念書！」吳清友悶不吭聲，三哥忍不住拿起衣架責打他，手臂劃下一條一條傷痕。吳清友也不還手、不反抗，任由哥哥修理。自小到大，他們家兄弟姊妹向來和睦，從不需厲聲疾言，一打完，三哥立刻後悔，弟弟一滴淚都沒有掉，他自己卻先哭了，「我一邊幫他擦藥膏，一邊流眼淚，覺得好不捨得，就唔甘啊。」這是三哥第一次，也是唯一一次氣到打他。

但是吳清友仍不改舊習，成績依然拉警報。聯考前，吳寅卯帶著吳清友，遠赴南鯤鯓代天府向五府千歲祝願考試順利。吳寅卯只准吳清友塡一個志願：「台南一中」。因爲前面二位哥哥都念南一中，作爲父親的他有很深的南一中情結。

但那時升學率極低，吳清友的成績在第一志願以外，父親的堅持無異於教他直接落榜。

六〇年代台南市區的交通工具以三輪車爲主，博愛路與青年路交叉口附近有幾株榕樹，聚集不少等待攬客的三輪車伕。吳清友常在這附近閒晃，結識了一位三輪車伕。

這個車伕大概四十多歲，印象中似乎姓陳，在那保守封閉的年代，卻留著一頭長髮，人高高瘦瘦的，看來很瀟灑不羈。聯考前一晚，吳清友自知考不上，索性自暴自棄，也不勉強抱一抱佛腳。當考生們在做最後衝刺時，他蹲在路口榕樹下，跟這位長髮三輪車伕玩撿紅點。賭博不是大惡，但是按照吳寅卯的標準，吳家子女就連玩跳棋也不行，撞球形同於賭博；若眞的打牌，則根本不可原諒。他在家傳《留待兒孫看》中就明白寫道：「對於賭博，我打心底討厭。總認爲賭博是投機取巧的玩意兒，最罪孽的源泉。」

或許聯考的壓力太大，吳清友必須追求更大的刺激來平衡。

這三輪車座椅頗有玄機，上面鋪著綠色的塑膠布，包覆著軟墊。一旦將椅子翻面過來就是平整的一塊木板。他們兩人把背板當牌桌，吳清友豪爽地一口氣賭光所有零用錢，數目大約是兩、三百元。這在當年可是一筆不小的數目，甚至是某些職員一個月的薪水。

而這些錢，都是哥哥當家教賺來，或是爸爸勻出來提供給他的生活費。三哥自大一到畢業都當家教賺錢。他原本歌喉也不錯，曾是南一中合唱團男中音團員，然而在一週六天如此密集的家教生涯裡，把嗓子弄壞了。

一夜奇遇

吳清友一夜狂賭，兩手空空之後，車伕得知他隔天就要高中聯考，不知何故，竟然主動提議要陪考。多年後，吳清友回憶，當初若不是這位車伕執意要陪他考試，鼓舞原本抱持著失敗主義的他，他極有可能就放棄不考了。

考場設在大埔街的台南女中。吳清友印象很深，車伕還刻意買了兩瓶田邊製藥「安賜百樂」要他喝下，他深知兩人一夜荒唐，準備給吳清友提神。

第二天考完的晚間，三輪車伕竟然說要請他吃飯。到了約定時間，車伕開了一輛敞篷的雪佛蘭跑車，來租屋處路口接他。這種車子，當年十分罕見，吳清友事後推想，或許這輛跑車是車伕向台南駐地美軍相熟的朋友借來的，又或者他曾任駐地美軍的司機？抑或這根本就是他自己的車？

車伕一手抓方向盤一手打檔，沿著博愛路一路開到火車站，之後左轉成功路直行，最後來到西門圓環。當車子繞著圓環花圃的某一個時刻，車伕忽然舉起手，指著前方不遠圓環西南角的「寶美樓」酒家。那是一棟日治時期的巴洛克三層樓建築，堪稱當年台南最高級的交際場所。

車伕緩緩地說：「少年郎，你不要太年少輕狂，不知道江湖險惡。」他表面上拉三輪車，其實是個郎中，之前就是在「寶美樓」酒家請一桌酒菜，學到老千詐賭之術。打從日治時期開始，酒樓曾是台灣娛樂世界中一種相當特殊的文化存在，結合娼妓、交際、酒食、各類銷魂的男性娛樂，曾盛極一時。而「寶美樓」歷經滄桑，現今已改爲一家婚紗攝影公司。

開車巡禮式告誡之後，車伕帶他去民族路赤崁樓附近，點了好吃的土魠魚羹請客。飯後，車伕居然把昨天贏得的錢，沒有任何條件悉數返還給吳清友。

吳清友不由得感嘆：「我連做壞事也遇到好人。」總在人生不同時候，他會想起這如夢似幻的奇遇，「或許他要告訴我這個善良的笨小孩，好好體會江湖險惡。人心詭詐，很多事情並不同於表面上所顯示的。」

之後他再見到這位神祕的三輪車伕，便混雜著敬佩、畏懼等不同以往的複雜感受。但他始終未曾打探車伕的眞實姓名或連絡方式，甚至最後，就連他是否姓陳，也不能確定……。

多年之後，吳清友幾度曾經想再找回當年青年路旁車伕們聚集的那幾株老榕樹，居然遍尋不著。如今就連博愛路也改名爲北門路，門牌號碼也全都重編，原本跟哥哥住過的博愛路二十八號早已拆光。人間有情而時間無情，眼見陋巷變通衢、桑田變新巷，台南故鄉承受著一去不回頭的演變。

高中落榜

一夜狂賭這件事，吳清友一直瞞著三哥。奇幻際遇的高潮過後，不久高中聯考放榜，吳清友因為只獲准塡一個志願，以下空白，只能黯然落榜。依分數，他其實可以上第三志願台南一中新化分部。但只塡唯一志願的結果，他實則無校可讀。

之後，或許出於失望，父親沒有帶他去南鯤鯓代天府還願，而是他當年的女友陪他去。吳清友還願之後，和小女友兩人站在廟後方一座小丘，望向傍晚西邊大海，挫敗失志伴隨傷感，他感到前途茫茫，只能任沉寂的蕭索靜靜撫慰其憂愁。

因爲家境不好，他考慮念職業學校。當年有台南高農、台南高工、台南高商三校，爲了有一技之長，吳清友選擇了台南高工。吳清友以全校第七高分考入，按成績排名的學號是「4007」（從學號來看，吳清友應是民國五十四年入學），因此可以選擇熱門的機械科。

進入台南高工，許多未知等著他。年少的吳清友並不懂得聆聽命運，還不知道宿命的深意，還無法體會晚年的他才感悟到的「人，其實不是自己唯一的主人」，如同德國哲學家海德格說的：「命運不是人自己能控制的，而是送來給你的。命運送來給人，人才成爲人。」

初中三年，吳清友無心課業，他的哥哥們都讀南一中，父親也只准他填一個志願：「台南一中」。這個決定讓他無校可讀，家境不好，爲了有一技之長，他選擇就讀台南高工機械科。

第六章 大仙寺裡良善的魔鬼

考上台南高工，吳清友在學校的「節目」更多了，他是辯論社社長、儀隊樂隊指揮，在社團界非常活躍，再加上他身形高瘦挺拔，又生得一副好歌喉，可以說是校園風雲人物。三哥至今記得，當時他每天上學，書包裡都放著一把桌球拍，狀甚瀟灑地晃出門。

這樣的孩子，左看右看都可以是師長心中的好學生。但吳清友偏偏不是，他竟是師長眼中的「歹囝仔」，對於這奇怪的反差，晚年的他做了這樣的自我剖析：「如果人分爲身體和心靈兩層面，身體若有任何病痛，自己很容易覺察，但是一個人的心裡是否腐敗？是否有什麼邪念？靈性是否被蒙蔽？這些不易外顯，旁人很難覺察，甚至自己也不清楚。」

叛逆放浪歹囝仔

六〇年代，紡織老廠牌台南紡織公司推出一種神奇的布料「太子龍」，以高級多元酯纖維、螺縈外加精梳棉混紡而成。強調磨不破、不會縮水，深卡其顏色飽和、質地堅挺，帶著絲絲亮澤，看起來極爲時髦。

在那個女學生一律清湯掛麵、男孩子都理三分頭的年代，學生服自然不講究，大家都穿普通染整裁製的學生服，一洗就縮水。

太子龍剛推出時，還不流行，也比較貴，學校規定不准用它做校服。吳清友偏偏與眾不同，穿著全身訂製的太子龍學生制服，襯衫背面精心燙上三條筆直的線，下半身的褲管刻意放得大大的，走路時活像兩隻喇叭在移動。

吳清友是全校身高數一數二的男生，升旗排隊一定站在第一排第一個。他雞群鶴立，全身太子龍制服，在大家肅立唱國歌時，是何其招搖，何其惹眼。

高工很多實習課，學校工廠裡有很多綠油漆，原來是拿來劃標線、漆車床或各式機具使用的。當年學生大都穿「中國強」半高筒的黑色球鞋，黃膠底黑帆布，鞋頭如貝殼般雪白。吳清友實習課時，沒有專心實作，卻偷偷拿油漆將白鞋頭搽成綠色，成爲獨一無二的潮鞋。

而軍訓課戴的大盤帽也很戲劇化，他將帽緣往下斜拗，模仿西部牛仔的姿態，正前方尖尖凸起，將那一片印著「學生」標誌金屬片拆掉，好像不屑於這個受管束的身分。三哥有天回家一看，「啊，這頂帽子怎麼變成這樣子？手腳眞快。」他又將腳踏車坐墊往上調高到極限，像專業賽車手，弓著背呼嘯而過，拉風得很。

吳清友如此囂張，很快被教官盯上。先是被警告，但他不理會，教官拿起大大的木頭印章，沾上深濃的藍印泥，在他的褲子臀部蓋上「不合格」三個大字，像鄉下殺豬蓋印在豬皮上那樣，再怎麼洗也牢固不褪色。吳清友說：「他不蓋還好，他一蓋，我便覺得這是我最獨特的地方，就更不捨得遮掩它。別人都沒有，只有我有，我就更得意了。」之後，他騎腳踏車時，屁股翹得更高了。

如此多方挑釁權威，有一天升旗典禮，他終於被叫到司令台，公開被教官責罵、羞辱。之後他更無忌憚耍流氓、打架、混太保，好像歹事都做了。生命逼進狂躁核心，更曾因一時好奇迷上呑雲吐霧的樂趣，被教官逮個正著。吳寅卯被找到學校，一氣之下，收眉斂目，揚言要斷絕父子關係。

青春出麻疹

那些時日，吳寅卯對走向歧路的兒子感到一股無奈與憤怒，甚至用台語激他：「你那欲做流氓，就愛做大尾的！」告誡吳清友如果眞心要混江湖，那麼也不要做三流小咖，或跑腿的嘍囉，或被打被殺的馬前卒仔；男兒立志在遠方，要麼成爲人中之龍的亂世英豪，要麼就做一名出類拔萃的大流氓。

那年代對於這一類行爲不軌、不受約束管教的青少年，有一種說法叫「放浪子」。吳清友被人當成放蕩的、不守規矩的小孩。高中寒暑假時，學校教官和警察局少年隊組成「專案小組」，專門抓壞學生，列入專案輔導。吳清友經常滋事生非，也是他們追捕的對象之一。

日後吳清友回看當初這些搗蛋作怪，或是單純的標新立異，或許只是莫名所以的反抗吧，「想我一個鄉下小孩，在貧困家庭長大，成績又不出色，總覺得自卑或由自卑而轉變的自負，內在心靈好像受惡魔支使，我也不曉得爲什麼？」

他好像卡在一種生命的關卡，一種介於男孩與男人的灰色地帶，身體快速抽長，心思卻無處安頓。任何男孩都曾困在這種不均衡、模糊的生命之繭中，感到窒息，他說：「沒有人了解你，更慘的是，你也不了解你自己。但是，我有一種感覺，即便當年我放浪，別人視我爲魔鬼，但我始終認爲自己本性良善。」

其實這些違常、踰矩的行爲，就好像台灣人常說的「出癖」（出麻疹）。出於青春期的躁動，內心某些部分想要「找出口」，一旦釋放之後，如同被暴風雨洗過的樹葉，回復它原有的清新。多年之後，吳清友自己當了爸爸，這力量也在他兒子身上示現，父子關係一度緊張。

關仔嶺大仙寺

徬徨少年時，他雖惹是生非，但是奇妙的，另一方面，吳清友也在假期幾度造訪佛寺，沉浸於寂靜與空靈之中。

當年，吳清友自己一人，提著簡單行李，來到關仔嶺附近的「大仙寺」。四、五十年前，「大仙寺」外還是一片黃土路，連石頭都沒有鋪，半天才來一班公車，駛過之後便揚起一陣塵土，久久不散。

「寺」，不同於「廟」，「廟」是他父親帶他去上香、祈求全家健康平安、學業可以進步的地方，裊裊青煙中，人間一切七情六欲融為一爐。而「寺」，為修行安頓心靈之所在，強調滅法的棄捨、出離，著重個人生命的追尋與修練。

出家人天黑就休息，隔天一大早有早課。吳清友住在寺院後方簡陋的廂房，吃的是齋菜，晚上睡在咯吱咯吱響的木板床上。深山裡，四野的蟲鳴像海浪般無盡湧入。

若問他為什麼當年自己一個人會想到這樣偏遠的地方？他也說不上原因，應無涉追求空靈覺悟這樣的念頭，頂多在社會規範的許可範圍內放任自己自由。與他同住的三哥正忙於學業與家教，無暇顧念這個迷途的弟弟。

在寺裡幾天，令他印象最深的是黃昏時的擊鼓聲，那鼓聲莊重、宏遠地在山中迴盪，一聲、兩聲、三聲、久久不散，總教他放下手邊動作，專心聆聽。

生命何處是出口

鐘聲可有敲醒他？那時他完全沒有慧根，尚未接觸佛法，也還不識後來影響他至深的弘一大師，但寺裡的空間氛圍，讓他感受到自己被收留的安定。每個場所都有自己的靈魂，或許是這無形的神，無言的說法，他彷彿得到了心靈的款待。

吳清友說：「在那樣一個迷惘的年代，我被學校當成是太保學生，父母、教官視我為魔鬼。然而我自知內心良善，我父親不相信，教官不相信。外面世界看我，與我看我自己，其實是有落差矛盾的。可能出於這種不被理解的苦悶，我單純想為迷亂的心，找一個安靜的地方收納自己。」「大仙寺」之外，他還走訪附近的「碧雲寺」。

人生濛濛泅泳，這段年少苦悶的歲月，吳清友彷彿走入伸手不見五指的黯黑甬道裡。然而，通過漫長人生甬道，將告訴他什麼樣的故事？或是當下只能相信遠方彷彿若有光，可以成為生命的出口？

然而，這些畢竟都是半世紀之前的事情了。近年來，吳清友再找個機會回到「大仙寺」，想要重溫他的青春。但寺院根本已經改頭換面，從原本質樸的寺，變得雕梁畫棟、佛道一家了。原本獨棟的三寶殿已經拆除，建起了宏偉的山門，分出前殿、大殿、後殿，後山仍在大興土木。大殿左側也蓋起堂皇的香客大樓，大門右側有五彩靈骨塔。

當然，寺前的黃泥路早就修整寬闊，鋪上柏油，聯外道路一到山下之際，道路兩旁如忽入凡塵，矗立著斗大紅艷的「甕缸雞」「鋼管雞」「火山爆發雞」招牌。

原想回味當年的情境，吳清友不禁感到某種失落，臨上車時，他一直無法揮別的是，在清幽的寺院裡，少年的他與自己相處的奇異時光。

台南高工二年級下學期，吳清友的「癖」好像發完了。他想到未來，高工畢業的學歷可能不易找到工作，恰好得知台南高工設有特別甄試，可以直升台北工專，但全校只有一個名額。吳清友自認參加聯考希望不大，於是將重心放在直升甄試。他心思澄定下來，不再像台語說的「四界憨憨迺」，找到了努力的方向。

或許爲時已晚，努力不足，一九六八年，他高工畢業那年，爭取學校保送失敗，沒有搶到直升的門票。他落榜了，寓居台南市補習，準備重考。

處逆境仍保持優雅

那一次「大仙寺」未遂的流浪，他似乎轉醒了。當他知道用功時，又想加倍用功，把過去的荒唐彌補回來。在重考二年的日子裡，他與父親的關係改善了，也理解父親多年的苦心。

有一天，他由家書得知，父親會親自由馬沙溝送生活費來到重考租屋的「五德街一號」（如今改爲樹林街）。五德街附近的巷弄間，長滿盤根錯節的老榕樹，垂著濃密的鬚根，在風裡招展。租屋處是一獨棟三層樓透天，頂樓加蓋租給學生。房子四周砌著圍牆，正中開一扇朱紅大鐵門，門前也種著一株大榕樹。

父親通常會搭乘興南客運，到府前路台南地方法院站下車，經常爲了省錢，捨不得搭三輪車，從路口穿巷入弄走十五分鐘左右來租屋處找他。

吳清友站在三樓露台，遠遠的看見父親身影出現。出於好奇，他刻意待在陽台上，凝視著父親由遠至近走來。

吳清友看到風塵僕僕的老爸，來到租屋處大門前，面容雖然疲倦，仍先在門口站定，到大樹下調息。之後不慌不忙拿出手帕擦汗，拍去身上灰塵，拉平衣襬，梳好頭髮。歇喘片刻，才收起倦容按門鈴。「鈴－鈴－」他聽見門鈴聲響起，房東開了門，老爸跟房東簡短寒暄之後，便走上樓。腳步聲愈來愈近，一會兒房門便響起父親沉穩的敲門聲。

吳寅卯一身衣衫，即便舊了，品質不算太好，依舊熨燙平整，拉出折線。他穿著白皮鞋，頭戴一頂白色南洋帽，即便身處逆境，仍謹慎自重，該整齊該清潔的都沒有少。這一幕印象太深了，永遠牢牢印在吳清友的腦海裡，且深刻影響了他。

看一生，不要看一時

吳清友說：「這輩子，任何逆境都不曾讓他慌了腳步，也不曾吹亂他整潔的儀容。一輩子再苦，都沒有讓人覺得他是狼狽的。」父親不只送來生活費，還帶來母親手做的魚鬆和其他家鄉味，安慰著遊子的心。

每個人都會經歷青少年成長期，這一段耍流氓、混太保、跟同學打架等等，是記憶、也是體驗。不管好事或壞事，都是學習、累積生命養分的過程。晚年回看少年，吳清友說：「人生成謎，總帶著某種不可預測性，不論是誰，都要看一生，而不要看一時。」

一九七〇年，吳清友經由兩年重考苦熬，終於考上台北工專二專部機械科。

由十歲到二十歲，他在台南度過了迷亂的十年青春。帶著馬沙溝成長的記憶，終由飄海的僻壞窮鄉走出，搭著長長的列車來到台北，走入人生另一個階段。

1｜考上台南高工的吳清友，「節目」更多了。他是辯論社社長、儀隊樂隊指揮、拔河啦啦隊隊長，在社團非常活躍，是學校的風雲人物。

2｜台南高工二年級下學期，吳清友的「癖」（痲疹）好像發完了，他的心思沉定下來，不再到處遊蕩，終於找到努力的方向。

對於行為不軌、不受約束管教的青少年，有一種說法叫「放浪子」，吳清友就被當成這樣的孩子。然而日後回頭看這些違常行為，就像台灣人常說的「出癖」（出麻疹），乃是出於青少年的躁動，內心某部分想要找到出口。

第二部 青春

第七章

台北、青春、舞會那女孩

那時候，很多事物都還沒消失。吳清友搭著台鐵藍皮普通車，告別了南台灣清早虱目魚肚般的青白、告別了黃昏夕陽斜照古牆的橘紅、告別初戀的情人，踏上旅程。

列車一路向北，遠遠望過去，宛如黑白底片膠卷一格一格長條剪影－喀嗔－喀嗔－喀嗔－悠緩滑動著。

他索性推起窗，刻意讓涼風吹進來。窗外流淌嘉南平原盛夏的風景，棋盤似的稻田、蔗林、苗圃、花房與沖積扇，總令他心神爲之怡曠。有時炊煙盤旋，綠竹掩映中錯落一座又一座三合院，有一縷焚燒稻草的香味飄來。

他倚在綠皮椅上，戀慕似地貪看，像一種慢速的揮別。手往窗外一伸，彷彿世界就在眼前，或是偷偷借位，假裝觸摸遠方雲霧繚繞的中央山脈，或是，黃昏裡地平線上閃爍的萬家燈火……。

二十歲的心情，好像普通車廂那種飽滿濃烈的深藍色，總是晴天看起來亮麗，雨天看起來憂鬱。

台北、青春

七〇年代初期，還沒有高速公路，十大建設正在籌備。鐵路還沒有地下化，火車進台北城，總在跨越新店溪和淡水河的鐵橋上轟轟然宣示。接著穿越市井繁榮的萬華，經過中華路時，平交道柵欄噹噹噹放下。緊貼鐵軌兩側的人家，在鐵道邊種菜，乘客往往和迎風招展的內衣花褲正面相逢。列車穿越一棟棟白色花磚牆的中華商場，繞過北門，微微一彎，就可以聽到「台北站到了，台北站到了，旅客請下車！」的廣播。

人在橋上走，車在路上流。似乎所有的人都提著行李爬上爬下，陸橋、天橋、地下道擠滿像吳清友一樣的異鄉人。夜晚大型霓虹招牌染亮西門町的天空，他注意到路邊好多襤褸殘肢的乞兒老人。轉乘公車，穿著制服、船形帽的車掌小姐，不知何故，多半兇悍不好惹，乘客下車時總得低聲交還車票，求她「嗶嗶」吹哨子才能下車。

那時新生南路還是流水潺湲的「瑠公圳」，忠孝東路還叫中正路，公車駛過台北工專之後再往東邊駛去，幾乎沉陷進一片稻海，一直要到松山火車站附近才會有房子。

台北工專一直是工科男生的第一志願，也是台灣製造業背後的中流砥柱。當年不大的校園內到處都是日治時期的建築，第一大樓、實習工廠、體育教室、風雨教室、游泳池等。校園中心有一獨棟的紅樓，成天門扉緊閉，門口木牌上寫著「省立臺北工專防護團」。從玻璃窗往內窺視，牆上掛著一排垂著鼻管的防毒面具，隱隱然洩漏不安的氣息。那是一個男生留長頭髮會被警察強押剪短，跳狄斯可要偷雞摸狗的戒嚴年代。

吳清友進了台北工專，某種程度是光宗耀祖的事，他說：「當初因爲不想從商或務農，加上機械科是當時的第一志願，又爲早一點分攤家計，考量有較多的工作機會，才挑工科。」因此，若說到興趣，也只到普通的程度。

二專部只有兩年，時間很短，他每天在機械製圖、模具、鑄造……等眾多實習課中忙碌不堪。念了一陣子書，他心裡明白機械科系不是自己未來要走的路，想想兩年後就要畢業，得好好找出自己的興趣跟第二專長。他發現自己對「業務」小有興趣，心裡描繪的理想藍圖是找一份可以結合機械工程跟業務的工作。所以他動腦筋自我充實，花時間大量閱讀《經濟日報》、《實業世界》等管理相關刊物，藉此累積產業知識。火熱叛逆的情緒，也慢慢被熨燙收乾。

畢業舞會的那女孩

乏善可陳的書呆子工專生活，幸好在最後扳回一城，畢業舞會救了他。

愛情是人生恆久的謎團，往往無法令人一眼看透。青澀的、微酸的心田裡，有的人出現，帶來整座人世的塵砂，只能趕緊閉上眼睛；有的人出現帶來綿長幽遠的馨香，教人眼睛為之一亮。

那個年代，台北工專男生最喜歡找銘傳商專女生聯誼。主辦的一方租個不被臨檢的場地，男生梳上西裝頭、穿著燙硬的襯衫、中華商場買來的新皮鞋；女生搽上口紅，套上絲襪、踩著不合腳的高跟鞋，成雙湊對在昏暗燈火裡，流轉的霓虹中，眾裡尋他千百度。在西洋音樂的催化下，男生遞過來的雞尾酒，仍那麼地合宜入口，女生露出軟骨青筋的小手，紛紛在畢業紀念冊裡寫下「青春透明如醇酒，可飲可盡可別離」這類句子。

他們都意識到，搖擺的舞步結束之後就是當兵、升學、找工作、結婚……或套句年輕人說的「跳進社會的大染缸」。每個人在各奔前程的臨界點前幾晚，總想抓住青春的尾巴。

那麼多年過去了，洪肅賢記得真正認識吳清友的確是在那一晚。那一晚，驀然回首，那人卻在燈火闌珊處。男女生對初識的過程各有隱藏、也各有強化。不同於吳清友版本講得雲淡風輕、順理成章，洪肅賢的版本卻是另外一回事。

那是一場工專與商專的畢業舞會，吳清友是康樂股長，洪肅賢雖不是銘傳商專的女生，卻因好友邀請也來湊熱鬧。他們倆原本井水不犯河水，為了這一天聯誼而湊在一起，剛開始卻不順利。

洪肅賢回憶說：「吳清友彈一把破吉他，戴個大大黑框眼鏡，傻傻站著撐場面——至於他那天唱什麼歌，我也忘了。反正，就感覺很菜、很好笑。」但是，她心地好，看出吳清友很盡責要炒熱氣氛，但隔岸觀火的女孩們似乎故作端矜，遠遠笑著。等到冷清零落的樂章結束，吳清友終於唱完了，感覺全世界的寧靜忽然都聚集到他緊繃的臉上，氣氛有點尷尬。

好幾秒過去了，洪肅賢跳下場開始起鬨，帶頭炒熱氣氛。

之後，吳清友坐過來她身邊。人坐著，她倒不覺得他有多高，可是當洪肅賢低頭掃視時，發現這個男生的腳怎麼那麼大，她心想「天啊！那會親像一艘船同款！」差點沒喊出口，卻忍不住噗哧笑出來。笑完隨即良心不安，覺得自己這樣太失禮。家教使然，她只好趕快緩頰打圓場，跟吳清友聊起來。

背景間歇流過一首又一首的慢歌或快歌。當時民歌運動還未風起雲湧，校園裡流行西洋音樂，貓王、鮑伯・狄倫，或者披頭四的 Hey Jude、嬉皮們朗朗上口的 If you're going to San Francisco, be sure to wear flowers in your hair……。如果當晚也有這兩首歌，那麼在飛越過整整二十四年後，吳清友將會在他心臟手術前一天，百感交集地再聽一遍。

情不知所起，一往而深，這一晚的攀談，不曉得啟動了他什麼開關。那時吳清友認識一個念護專的女孩子，但僅止於寫信的純情筆友。

其實，成長過程中，吳清友身邊一直不乏女生圍繞，他曾經語帶驕傲，表情神祕地笑說：「我怎麼可能那麼差，只有一、兩個女朋友？」此外他還經歷過幾回不成氣候的小感情，直到洪肅賢的出現。

狼狽的小偷

吳清友跟幾個朋友打賭，看誰可以先把她追到手。個性開朗的洪肅賢，是同學中最活潑、最得人緣的女孩。她眼睛不僅大，而且還長在頭頂上，何況她還有虎媽看管。同學都勸吳清友：「不可能，不行啦，她媽媽眞的很兇！」這可不假，洪媽媽熱心公益，在永和竹林路一帶買東西報上名字可以賒帳，可以說是「喊水會結凍」的地方聞人，名聲可以探聽的。

剃頭照輪辦，事不宜遲，隔天下午吳清友就展開行動。他打聽好地址，頭髮梳整齊，捧著幾本原文書，頂著烈日，來到永和中興街、竹林路某棟透天厝樓下。嗯，捧書現在看來或許造作，但對當時的他卻是情有可原。

那天，洪肅賢正在二樓摺衣服，聽到樓下有人按電鈴，聽到開門之後，媽媽用台語問道：「你欲找誰？」

被問的人似乎嚇了一跳，語無倫次：「歐－歐－歐巴桑，請問－呃，這邊有厝欲租人嘸？」

「蛤！你底叨位聽到有厝要租？」聲音裡有點質疑、不悅。

對方聲音怯弱答：「——嘸啦，我只是問看嘜啦！」

吳清友感覺場面撐不住了，無話可講，便抽起腳跟，驚惶往前走。走了十來步，忍不住回頭看，沒有想到洪媽媽隔著老遠，正好整以暇地瞪視著他。兩個人對到了眼，四目交接，火花迸射，他嚇得加快腳步，看到前面的巷子就沒命先躲進去。

當天晚上吃飯時，洪媽媽就開始訓話，指著洪肅賢和兩個妹妹：「妳們愛注意啊！我告訴妳們喔，今天已經有小偷欲來探路了。」

媽媽沒有讀出這裡頭詭譎的訊息，又追加兩句：「假斯文，手裡還夾著兩本書，假意說欲租厝，我啊嘸這好騙——」接著得意笑說：「賊仔甫，我就跟在後面，看伊欲向哪裡走。伊眞正該死啊，那是一條死巷，看伊安怎行出來？」

洪肅賢覺得很委屈，一個來租房子的臭傢伙害她們全部被罵，簡直莫名其妙。她沒應聲，低頭吃自己的飯。這時候，電話響起來了，洪母一把接起來，講兩三句，轉向洪肅賢說：「嗯，找妳的——」洪肅賢一接起話筒，傳來女孩子輕聲說：「妳好，我是吳清友的姪女……妳請等一下，我叔叔要跟妳講話—」

第一次見面

吳清友接過話筒：「對不起，我下午去妳家，結果妳媽媽來開門，我嚇一跳，聽他們說，妳媽管教很嚴格，我不敢說找妳，只好說要租房子……」聽到這裡，洪肅賢意會過來從下午到眼前的這整件事，她坐在樓梯上聽電話，止不住好笑，笑到氣喘發作，眼淚也流出來。她從小氣管就不好，媽媽忍不住叨唸：「欸，女孩子家，講兩句話，居然笑成這個樣子？」她斂住笑，把喜悅藏心裡。

吳清友在電話裡說：「我要謝謝妳，昨天畢業舞會，妳把場子、把同學照顧得很好。」又吞吞吐吐講了一些，說自己多可憐，女朋友因爲自己連絡她而生氣。他顧左言右，重點就是要請洪肅賢吃飯喝咖啡，順便幫他澄清，他沒有移情別戀，兩人舞會當晚只是第一次見面，根本不認識，更沒有其他什麼別的……。洪肅賢很有義氣，「好！我來幫你當面解釋清楚！」等到眞的見面時，才發現這傢伙要約的根本就是她，哪來生氣的小女友？放眼望去嘛只有一個一直傻笑的吳清友！

洪家有七個孩子，洪肅賢排行老三，上頭有一個大她十歲的大哥，一個長住阿媽家的大姊，下面還有弟弟妹妹。因此她在家幾乎等於是老大，什麼事一肩擔起都得做，電燈「啪地」燒壞了，她立刻站在桌子上面更換。洪肅賢天生善於照顧人，尤其對弱者有一種情義相挺的豪情，成爲她性格裡英氣的底蘊。班上同學家裡窮困的，她就帶著他們去訓導處、教務處提出各種申請補助，全沒有人教她。洪肅賢說：「我從小就很會做事情，也很能做事。」

洪肅賢從小跟著行醫的外公打轉。外公上通天文、下知地理，也懂八字命盤，行醫閒暇時亦爲人看相算命。外公偶爾也教她識中藥、背佛經。她九歲前經常在永和戲院、溪洲戲院蹭電影看，童年過得很快樂。

永和竹林路

九歲後，她感覺童年結束了。自從父親生意失敗，扛家的洪母，要照料七個孩子，眞正不簡單。日子雖苦，但洪媽媽卻樂於助人。當年竹林路附近遷來一批大陳島義胞，媽媽要洪肅賢每天早上去撿家裡母雞剛生的溫熱雞蛋送人。家裡兩口灶終日不熄，燒著肉、煮著飯，瘦的好的，洪媽媽挾一些起來，其餘均送給家有稚兒的貧戶，她還勸說：「囝仔愛喫油水才會大漢吶。」開學時，家裡來借註冊費的親戚從來沒有少過。洪肅賢從小天不怕地不怕，就怕媽媽，很多年之後，她才終於懂得了母親。

永和，向來移民多，她們家這一排是本省人和山東人，對門是客家人，房子前面是一片竹林雜木，再過去是溪邊。小時候，洪肅賢跟男生打架贏了，對方父母來洪家告狀。媽媽在「亭仔角」（騎樓下）當眾修理處罰，再命令她跪在門口認錯。洪肅賢內心十分受傷，深感委屈不平，「我是女生耶，你兒子跟我打架，打輸受傷，根本就是活該，好意思來找女生算帳？」洪母這麼樣公開責打她，或許更深的心思是出於「保護」女兒，以免日後遭到暗算或報復。

那年代重男輕女，一般父母對女生最高的期待，就是考上師專，將來當老師再嫁給老師，那可是人生最高境界了。洪肅賢聯考失利，只好彌補內疚似的盡力做到媽媽所有的要求，還有令她煩惱的天生氣喘，有一次發作起來，差點要她的命。她從醫院被抬回來，家裡都準備要辦後事了。後來居然因爲夢見觀音佛祖而神奇救活，這亦是她佛緣的開始。

或許是青春期的坎坷，加上氣喘、對未來的茫然……令荳蔻年華的她曾經對人生好絕望。說來，她和吳清友各有各的幸福，也各有各的成長艱苦。

台北工專畢業之際，吳清友如同大部分年輕人一樣，也經歷了一段職業的摸索期。他曾到桃園新屋一所私立高職教書，也到新莊一家皮包加工廠工作，更擔任過桃園八德鄉一家工業濾網公司的廠務管理。直到一九七二年五月，他進了專門銷售國際旅館和醫院設備的「誠合貿易工程公司」工作，才感到得心應手。

這期間，吳清友和洪肅賢成爲固定的男女朋友。當洪肅賢第一次把吳清友帶回家時，洪母當場識破，挑了幾眼說：「喔，你就是來租厝的哦？」把他拉到一旁說笑：「啊，汝係驚阮厝內底嘸『竹篙』喔？生這呢高！」

約會時，他們最常到羅斯福路公館商圈的二輪電影院，一張票看兩場；吳清友出差高雄，回來會帶一雙高跟鞋送她；也會買洪肅賢買不下手的漂亮衣服，還送過她一只手錶。雖然不多，但是她心裡很高興，「覺得這個人滿有心的」。

聊天時，洪肅賢總聽吳清友提他父親、母親、哥哥們，如數家珍。有時會拿出他爸爸寫的「家書」給她看，端正的鋼筆字跡在信紙寫下滿滿的叮嚀，期勉吳清友做人做事的道理，「我覺得他們家教嚴謹，而且他也以此爲榮。」她說。有時吳清友也跟她分享報紙的文章，或書上看到的新想法，「他那時一直想要追求很多新知。也好，我可以聽到很多原本不懂的事。」她覺得眼前的男生用功又上進，跟其他的男生不同。洪肅賢說：「我以前跩七跩八也不知爲什麼，他都叫我走路要走好。我覺得這個人滿鮮的，還會管我走路，我媽都沒管這麼多。」

交往了兩年多，由於家庭與成長背景的差異，洪肅賢老覺得兩人最終並不適合。

加上經常有人來家裡說媒，她對結婚感到遲疑，可是吳家催得急，積極安排吳清友與別的小姐們相親。吳清友放不下手，洪肅賢左右爲難，「他每天都抱一顆蘋果到我家樓下站崗，裝做很可憐的樣子，況且那時蘋果那麼貴耶！」

三不合，有暗疾

爲了解決人生的疑難，他們決定找阿公來算命。兩人事先約定好，如果阿公批合，他們就繼續，如果不合，就狠下心分手，「天涯何處無芳草，你就去找別人交往！」洪肅賢講明各自另覓眞愛，不再來往。

來到阿公家門口，吳清友留在外頭等，洪肅賢走進去問，他度秒如年、心跳如搗。

合婚有「六合」、「三合」⑤還不錯。阿公捻了鬍鬚，算了之後，頓了一會兒，總結說：「這個人不好。」她怯弱問：「爲什麼不好？」

⑤命理學中「六合」是指子丑合、寅亥合、卯戌合、辰酉合、巳申合、午未合，共六種地支的組合形態，「合」是互相扶持、同一，也有「絆」、牽制的意思。若不合，就會相沖、相害、相刑等。

「這個人有暗疾，在心臟……」阿公說。

洪肅賢心裡突然難過起來，好像生病的人是她。吳清友對她滿好，她惜緣，不想傷人家，忍不住再問：「那會怎麼樣？」

阿公說：「也不知道會怎樣？但是最好還是不要，算了吧！」她不死心：「正經甘這麼不好？」

阿公不說話，老人家半閉眼撫弄白鬚，和煦地「呵呵呵」笑了。那呵呵笑聲好懸疑，阿公吐了一口菸，淡然講：「啊，欲講多歹，也是勿會啦，反正你們一個是銅，一個是鐵，兩個對撞的話，頂多一個凸過來，一個凹過去而已，勿會龜裂。只是這暗疾在三十九歲生死大關。唉！看他的福報吧！」

她不講話，走出去宣布：「阿公說不好，說你有什麼暗疾。算了，不要再交往了！」吳清友一聽臉僵了，沒有辯駁，整個人委頓低頭，什麼話也沒說。過了好一會兒，才沮喪招認，他在預官體檢時發現有先天性心臟擴大症。二哥曾帶他去三軍總醫院檢查，雖然裁定他不必服兵役，但醫生未要求定期追蹤，他也未感任何不適，如此被忽略多年，一直不以爲意。

洪肅賢想到他有暗疾，又看到他失落愁苦的表情，反而覺得他很可憐。突然之間，一股義氣油然而生，更同情他，反而伸長手拍肩安慰：「你這個人生得這麼大欉，心臟當然會比別人卡大粒，血液才打得出去啊？」

她其實渴望著愛。總的來說，吳清友是個好人，他的父母兄弟姐妹同事朋友，身邊人沒有一個是不好的。所以她覺得他還是可以託付。是愛情使然嗎？洪肅賢不置可否：「我不覺得那是愛，或許那時候我覺得找到一個人來愛我，比較重要……」

1 | 洪肅賢與吳清友相識於一場工專與商專的畢業舞會。個性開朗的洪肅賢，是同學中最活潑、最得人緣的女孩。她眼睛不僅大，而且還長在頭頂上，吳清友跟幾個朋友打賭，看誰可以先把她追到手。

2 | 洪肅賢的阿公替兩人合婚，阿公說：「你們一個是銅，一個是鐵，兩個對撞的話，頂多一個凸過來，一個凹過去而已，勿會龜裂。」總的來說，吳清友是個好人，他身邊的人沒有一個是不好的，所以她覺得他還是可以託付的。

1
2

第八章
賣咖啡機的小業務員

吳清友來到「誠合貿易工程公司」之初，是接任一位台大化工系畢業的小姐職位，在工程部門擔任銷售工程師。

誠合的老闆是香港人尹德川，其父親曾任國民黨國大代表，在香港經營船運公司。尹德川留美學成返港之後，先後成立拆船公司、鋼鐵廠、螺絲廠等，之後來台灣二度創業。「誠合貿易工程公司」是台灣最早的國際貿易商之一，業務包括進口及代理歐美全套高級廚房餐飲、洗衣房、鍋爐設備及建材，為客戶提供設計、供應、施工、操作、修護等技術服務。

找到熱情的舞台

七〇年代初，台灣人均GDP只有五百二十五美元。吳清友從一名小小的業務員做起，機械專業與業務興趣兩相結合，把公司的工作，當作自己的事業來打拚。以前在馬沙溝的時候，他總看父親替人寫求職信，永遠記得，在那盞黃燈泡下，那些不認字的阿姆阿伯，總是語帶抱歉地央求父親代筆，站在父母親的立場叮囑：「老闆，歹勢喔，拜託你要讓阮的憨子有一技之長。薪水低，勿要緊，愛教伊學會一款工夫，將來有飯喫……。」如今吳清友「喫人頭路」，他也努力在工作中學習，不斷壯大自己。

一九七〇年代，台灣風雨飄搖，同時也是理想燃燒的年代。首先，釣魚台事件爆發，開始激發民族情緒。一九七一年台灣被迫退出聯合國，隔年美國總統尼克森訪問中國，接著，日本隨即與中國建交並和台灣斷交。台灣處於一種前途茫茫的情境中，很多人變賣家產準備移民。

一九七三年左右，全球第一次石油危機，嚴重衝擊台灣經濟，物價飆漲，民生凋敝，連衛生紙都沒有地方買。險惡艱困的大環境如此，台灣社會由精神飽滿的農業本質的過去，轉而爲商務與工業籠罩下問題叢生的未來，一切都在奮進與掙扎中。然而這是一個把「歹勢」「不好意思」掛在嘴邊的謙虛年代；也是一個年輕人吃苦當吃補的年代。

二十出頭的吳清友也是如此。他一開始只是賣一台小小咖啡機，然後愈賣愈多、愈賣愈大型，從咖啡機一直做到廚房設備，之後又含括設計、安裝、服務。他愈做愈上手，直到最後老闆完全放手讓他發揮。他做到母親教他的：「汝愛坐人的船，就愛別人的船能行。」

三哥吳清河成大畢業退伍後，進入成衣界發展，弟弟這段奮鬥的期間，他在香港工作，投身成衣製造業。等他在香港發展兩年多後回台，兄弟見面談天，他發現弟弟居然脫胎換骨，整個人開竅了，變成另一個人似的。

吳清友耕耘三年之後，這個業務量蓬勃的工程部門，獨立出來，一九七五年一月改名為「誠建」。這可說是吳清友事業的新起點。

城市女孩嫁入地方大家族

也是在這一年，吳清友與洪肅賢結婚。洪肅賢年輕時的照片，透著一股英氣，吳清友應是被這股氣質強烈吸引。婚前，吳清友拿出多年存的一筆錢，在香港買了一套華美的首飾，配上一只五十分的鑽戒送給妻子。這大概也是僅有的一次。

結婚照裡，二十一歲的洪肅賢燙著典雅的鬈髮，一襲紅禮服，配上純金的項鍊，極為大方漂亮。她眼睛大而有神，幾張側影有早期影星林鳳嬌的丰采。

婚禮在馬沙溝三合院舉行。台南人婚嫁禮俗出了名的繁瑣，每一位親戚都要準備禮物，對長輩統統要行跪拜儀禮，大婚之日從天亮拜到天黑，當天晚上她腰痠背痛到要吳清友幫忙為她貼薩隆巴斯。

結婚前，洪媽媽告誡她兩件事：第一、不能替人作保，她爸爸就是替人家作保，遭到很大麻煩；第二、夫婦之間不要因為金錢起爭執。

新婚那一晚，陪她來的父母、阿姨、姨丈全回台北了。她孤伶伶地到一個地方大家族，人生地不熟，「我其實第一天就想落跑嗳，」台北都會長大的洪肅賢嫁來第一天就後悔了，她說得很快意，好像是談論著別人的故事，「我糊里糊塗就嫁了，然後糊里糊塗一天到晚做賢妻良母。」她從小就幹練有擔當，想做什麼都可以做好，當然做一名賢妻良母也難不倒她。

所幸，吳清友兄弟姐妹感情很好，把她當家人般接納。三哥也稱讚弟媳說：「洪肅賢是一位難得的女性，雖然是台北人，但是卻很能跟吳家兄弟姐妹拌撋⑥相處，娶到她，吳清友非常幸運。」

婚前，洪肅賢在電子公司當採購。當時電子業很蓬勃，經常追不到料，她能力好，追不到就自己做。比方皮套，她買了一個高周波的機器，自己進材料，然後把老闆娘也教到會，兩人一起做業務。

剛結婚時，他們在永和租房子，騎摩托車通勤。吳清友當時月薪九千元，洪肅賢七千元。結婚剛滿一年，兒子便急急來報到。小威廷很黏媽媽，送到保母家，媽媽只要一鬆手便一直哭到媽媽下班來接他。換了幾個保母都沒輒，洪肅賢說：「好奇怪，

⑥ 拌，往來調和；撋，兩手用力搓揉，台語「拌撋」指人際往來交陪、培養感情。

我想這小傢伙怎麼回事。兒子從小敏感，不管是誰都不給人家碰，除了我，其他女生都抱不到，男生也要戴眼鏡的才抱得到。」

她算一算，自己薪水給了保母之後就所剩無幾，爲什麼不自己帶？她工作能力很強，老闆不希望她辭，也不准她辭。結果，吳清友跑到洪肅賢的公司幫她辭，還豪氣地對她的老闆說：「我養得起老婆！」

老闆無奈放人。那時，認命的洪肅賢，沒有多想就回家帶孩子，「不必上班的第一個禮拜，我好高興，之後第二個禮拜我就開始愁苦。」吳清友事父母至孝，剛開始，大半薪水供養父母。洪肅賢想問家用，又不想開口，想到媽媽告誡她「夫婦之間不要爲錢爭吵」。因此，她就算再怎麼不明白，也絕不想爲錢跟先生吵架。

「我不喜歡爲錢傷了感情，夫妻及兄妹皆如此。」洪肅賢說。幸好她擅長標會、跟會，再以會養會，最後甚至摸索出不少投資方法。一方面力求自己經濟獨立，另方面爲子女預備後路。

他們最早在永和過永福橋邊的豫溪街一帶租屋，同時把在高雄念高工的小弟吳明都接來同住，並轉學到大安高工。那房子有很大的陽台，吳明都總是一把將腳踏車扛上去。院子裡種了幾株玉蘭花，清晨還飄著馨香。吳明都滿懷念那段日子，「我們家的觀念就是，爸爸不在身邊，哥哥就是爸爸，哥哥照顧弟弟，長幼有序。」而且他更幸運，幾位嫂嫂都比哥哥還要大方，尤其洪肅賢的廚藝精湛，總是餵暖他的胃。他朋友交得少，經常一個人跑去橋下釣魚，過過田園生活的乾癮。

之後，吳清友存夠錢，終於在復興南路買了自己的房子，又添了一個女兒旻潔。洪肅賢帶兩個孩子回娘家，他們會爬到外曾祖父膝上，趁阿太打盹時，偷拔他的白鬚取樂。

六親不認工作狂

「誠建」創業之初，員工僅三人。身為妻子，洪肅賢見證吳清友的奮進，他仗恃年輕體力好，有好長一陣子每天工作十四小時。那時候，吳清友時常掛在嘴邊的是：「你看，滿街都是大學生，很多人都有背景，我什麼都沒有，只能比別人更努力，更肯吃苦，更勤懇實幹。」

機器是死的，而業務是活的。工科出身的吳清友為什麼居然可以如魚得水？洪肅賢說：「他不抽菸不喝酒，不擅長交際應酬，他最大的本錢應該是老實吧！他很古意，腳踏實地負責任，很多長輩因此喜歡他。」

每一件業務，吳清友都不斷研究，從不會到會，在每天的實戰中自學。不管是醫院設備、廚房設備，洗衣房設備⋯甚至他從沒學過、零基礎的商學、管理與財務，他也一一修練有成。連學商的洪肅賢都嘆服，「說起學商，我一點都不厲害，他才厲害，你可以叫他開課教你。」

他可以三更半夜不睡覺，熟記設備的每項尺寸、計算成本，一定把銷售內容搞懂，隔天充分說服客戶。機器送到公司，他把說明書帶回家，抱著一本厚字典，一個字一個字硬K，研究到天亮。燃燒著旺盛的意志力，吳清友騎著車，挺直身軀，凜然無畏。

一直到六十多歲，吳清友仍沒有懈怠。有新的想法趕快記下，不清楚的數字再算一遍，提案可不可行，審視再三。深夜裡，他躺在床上，卻像油鍋裡兩面煎的魚，翻來覆去，吵得枕邊人一起失眠。洪肅賢說：「我眞的沒有看過一個人這麼有決心，三更半暝，每天做到快要天光。早上我起床，往他的書桌一瞄，紙上都寫得密密麻麻。」

工作起來，他簡直六親不認，像一個僧。

這該抱怨，還是該慶幸？有時洪肅賢甚至覺得被忽視，她只能默默把襯衫燙好，皮鞋擦亮，飯菜備好，把一兒一女照顧好，「看他這麼拚，這是我能爲他做的。」

做這些繁瑣的家務，她的心情是不一樣的，洪肅賢頓了一下，換另一種愼重的語氣說：「從認識他到今天都快五十年了，你問我愛不愛他？我搞不好會回答『不知道』；但是你問我尊敬不尊敬他？我可以很肯定回答，我真的很尊敬他！」

這種攙雜著尊敬的愛，一言難盡。她思考一會兒，接著補充道：「你周遭可能有人很成功，但是你很難看到一個人這麼堅持，他不管做誠建或之後的誠品，都憑著一股打不退的硬氣。」

然而審視自己的人生，洪肅賢卻感嘆的成分居多。當年她還這麼年輕，人生與事業都還沒有開始，好多的迷惘。結婚之後，很快生了兩個小孩，面對一個大家族，努力當賢妻良母，等到開始懂得一些事情，人生都走了一大半了。這是吳清友可能完全不懂的一種女人的心情。

如果不嫁給吳清友，洪肅賢倒想好好鑽研中醫。小時候，阿公看她對中醫有慧根，不時翻《本草綱目》給她讀。婚前，吳清友答應要讓她繼續念書，報考當年將獨立招生的中國醫藥學院，但婚後只剩下柴米油鹽賢妻良母。等到小孩大一點了，她得知廣州中醫大學有進修機會，偏偏這時候丈夫的病痛又纏住他們。

一條休閒褲的震撼

一九七五年，吳清友第一次去美國出差。他帶著圓山飯店的客戶赴美國商業考察十七天，一路從夏威夷、洛杉磯、舊金山、丹佛、達拉斯、芝加哥，最後一站抵紐約。這趟旅程他終其一生難以忘懷。

出國前，三哥送給他一條新款休閒褲。那是一件淺藍色格子休閒褲，特殊的凹凸織法，穿起來清爽不黏皮膚。

三哥此時已經由香港回到楠梓加工出口區的成衣加工廠工作，他們從瑞典進口先進的壓燙機，可以將衣物噴氣、抽風、熱燙一體成型。這條新潮褲子的口袋開在前側，不必繫皮帶，褲管燙出兩條筆直的褶痕，水洗不皺，是當年很時髦的產品。

第一站，吳清友入住夏威夷威基基海灘的喜來登飯店。他感到一身西裝與島上的度假氣息格格不入，興之所至換上三哥送的新褲子，走到樓下商場。突然在一家店門口，他發現身上的褲子居然跟名品店櫥窗的褲子一樣，就連格子狀的花色也相同。好奇心驅使下，他走進店裡，翻開標籤，上面寫著四十四塊美金。

記得三哥告訴他，這條褲子是免稅加工區生產出來的一流產品，出口價是四塊二美金。換言之，哥哥的工廠要花錢進口上等人造纖維布料，再利用楠梓加工區廉價的勞力，才能生產出來的高級休閒褲，得到的竟是如此不成比例的微薄利潤！相對的，先進國家有自己的品牌、自己的通路，就可以享受這麼高的附加價值！

就在吳清友走訪美國的第一站，一條外銷長褲，給他帶來了重大的衝擊。他不斷自問著，每個人生命都是寶貴的，爲什麼台灣人花了百分之九十的時間和生命，徒耗在維持基本的生存而已，「我們跟全世界怎麼比？台灣在哪裡？」

吳清友警醒，覺得自己未來的生命要跟這個家園做更有情有義的連結，「四十四塊跟四塊二毛的差距如此巨大，如果只爲賺這四塊二毛還沾沾自喜，我們將何去何從？我們的未來在哪裡？我們不能成爲全世界經濟的殖民地！」他心中吶喊著。

唱自己的歌、說自己的故事

那一年，吳清友二十五歲。他無意中發現自己血液裡本然存在的DNA，在另一個國度上，強烈地撞擊他的心靈。複雜感受中，他找到「人的內在跟土地的連結」。多年以後，他因此寫下：「心之所在、心之所向即是故鄉，不管是自然的故鄉，或是心靈的原鄉。」他始終看別人的天堂，想著自己的土地。

接著，他們一行人又走訪了洛杉磯、舊金山，最後到芝加哥、丹佛等大城市。他在芝加哥看到全球最大的廚房餐飲設備展，見識了美式生活的不同，看到天眞美國人的另一面：他們站著吃午餐，吃一條熱狗、簡單的三明治，喝可樂，看報紙，忙碌、快速運轉的社會，好像隨時在充實著自己。「他們這麼打拚，難怪人家那麼強！」他說。

他又想到遠在台北辦公室的同事們，從家裡帶來便當，中午蒸好便當，看報紙慢慢吃，甚至還關燈睡一場酣暢的午覺。兩相比較，「假使我們繼續這樣下去，不圖改變，又缺乏先天後天的資源，台灣如何在世界上跟其他國家一較長短？難道我們只能永遠做人家經濟的次殖民地？」

因此，回台之後，他不准誠建公司男同事睡午覺（女同事可以）。同事走路太慢，他會從後面朝他的肩膀重重地「啪」一聲打下去，提醒他們提振精神，加快步伐。高階主管甚至在衝刺業務時要高喊「必勝！」

那幾年，台灣吹起了一波「現代民歌運動」，開始在西洋音樂以外，尋覓自己的聲音與認同。吳清友說：「當時我的夢想，是台灣有豐厚的人文素養基礎，才可以孕育和諧多元的社會觀，我們期待這片土地能擁有美善的基因，也期許自己能成爲參與者，或播種者、耕耘者。」

他看著美麗如天堂的威基基海灘，思緒卻纏繞著父母、馬沙溝的田野、魚塭、亦溫柔亦暴虐的原鄉大海，他思索：「我是誰？未來的歸屬何在？我應該打拚做最喜歡的？最能賺錢的？最有意義的？或最有需要的？」

太多的問題浮現他的腦海，那時年輕的他，還沒有被啟蒙，懵懂的年紀沒有得到自己滿意的答案。唯一的想法是：「自己的土地自己疼惜，自己的文化自己耕耘。」這份深情有點像徐志摩形容的「沙灘澆花」，好像傻子似地長期苦心灌溉、等待有一天可能抽芽開花。

也是在這風雨飄搖的一九七五年，蔣介石去世，全國的電視黑白播出好幾個月。打了二十年泥淖般的越戰終於結束了。

一九七六年，西門町上映了愛國電影「梅花」。台灣面臨一連串的外在挑戰和挫敗，同時刺激知識分子開始省視自己的鄉土，並尋求改變，形成回歸民族、土地、人民的時代風潮。

一九七八年，高速公路全線通車。同一年年底，十二月十六日，中美斷交之夜，雲門舞集在嘉義體育館首演「薪傳」，全場六千個激昂的觀眾報以驚人的呼喊與掌聲。舞者們在汗水與淚水中，跳出斷交的悲憤。

「一條休閒褲的震撼」對他日後事業發展有著深刻的影響，他感受到品牌、通路的重要！隱約中，他暗自有了一種企圖：日後要自創品牌，以品牌訴說自己的價值、自己的故事。

隱形的支柱

婚後幾年，洪肅賢開始接觸藏傳佛教，深深印心，並皈依第一世卡盧．仁波切（H. E. Kalu Rinpoche）為生命上師。

第一世卡盧．仁波切是藏傳佛教公認具有崇高地位的修行者。在藏傳佛教四大教派（格魯、薩迦、寧瑪與噶舉）中，很早就到西方世界轉動法輪弘法，在全球擁有無數信眾。

當吳清友「無暝無夜」的工作時，洪肅賢則潛心修持佛法。八〇年末期，卡盧．仁波切受邀來台傳法，成立「達香寺．金法林利生佛學中心」，後由洪肅賢擔任會長，除了台北華陰街（之後遷至天津街）的主要道場，還有石碇「達香寺」閉關中心、金山的「金法林」寺。該會是少數不對外募款，持續安靜的推動佛法的藏傳佛教組織。定期每週末舉行共修、每月辦閉關，每年定期舉辦嗎哈嘎啦法會、大藏經法會、普賢法會，迴向給眾生，至今長達二十多年，未曾間斷。

卡盧．仁波切⑦因為在世界各地弘法，派任來自大陸康藏地區的江秋喇嘛長駐台灣，擔任「金法林」之住持。五十多歲的江秋喇嘛與洪肅賢是同門師姐弟，本身亦是多才多藝的藝術家。「金法林」建造之初，除了綁鋼筋、灌水泥等基礎工程必須運用機具之外，其餘皆爲信徒們自力建造，而大殿內高達十餘公尺的釋迦牟尼佛全身坐像，便由江秋喇嘛發心親手雕刻，再以防鏽蝕（金山多溫泉、海風）的玻璃纖維模塑成形。之後，洪肅賢與其他信眾一起爬上去刷金漆，力行樸實奉獻的精神。施工期間，有人提到：「喇嘛！佛的腳好大哦！」喇嘛笑答：「你們大家不是都喜歡臨時抱佛腳嗎？那佛腳當然要做大一點啊！」釋迦牟尼佛嘴角似有淺淺的微笑，低眉慈悲俯瞰人間。

洪肅賢將時間、金錢拿來奉獻佛法。因著佛法，她安度生命的低潮與幽暗。佛法信仰成爲吳家內在的隱形支柱，也影響了吳清友與兩名子女。

大約就在洪肅賢皈依卡盧．仁波切之際，她也因緣際會接觸到了另一位出生於不丹的上師宗薩蔣揚欽哲．仁波切（Dzongsar Jamyang Khyentse Rinpoche）。他除了是知名的上師，也是國際知名的電影導演，其所執導的電影包括《高山上的世界盃》、《旅行者與魔術師》，是一位博學、慈悲、慧黠、幽默的上師。早在宗薩蔣揚欽哲．仁波切二十多歲，某次來台弘法期間，洪肅賢依仁波切指示，帶著一對幼年兒女來到道場。

⑦ 本書中所提「卡盧．仁波切」，均指第一世卡盧．仁波切。

當年才十歲的吳威廷，第一次來到會場後，原來緊黏母親的他，見了仁波切就立刻掙脫媽媽的手，迅速衝上前跪拜頂禮。待第二次再見到上師時，他即主動開口要皈依其門下，儀式前還慎重其事沐浴更衣。小哥哥兩歲的吳旻潔原本只是好奇當陪客，看見哥哥的虔誠，也跟隨一起皈依了。

吳威廷從小筋骨軟，可以雙盤打坐，只是好動，有時唸經，洪肅賢叫他坐好，他卻回說：「妳不要強迫我，強迫的話，唸出來的經就不會快樂了。」

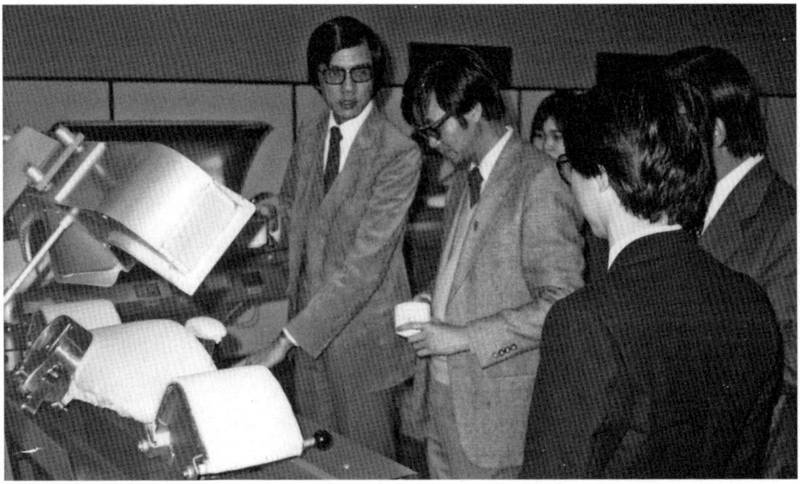

1 | 吳清友勤奮上進，每一件業務，他都不斷研究，在每天的實戰中自學。從各類機器設備到商學管理，他都一一修練有成。

2 | 一九七五年，吳清友第一次出差去美國，帶著客戶赴美國商業考察十七天。這趟旅程，因一件休閒褲，令他終生難忘。

1/2

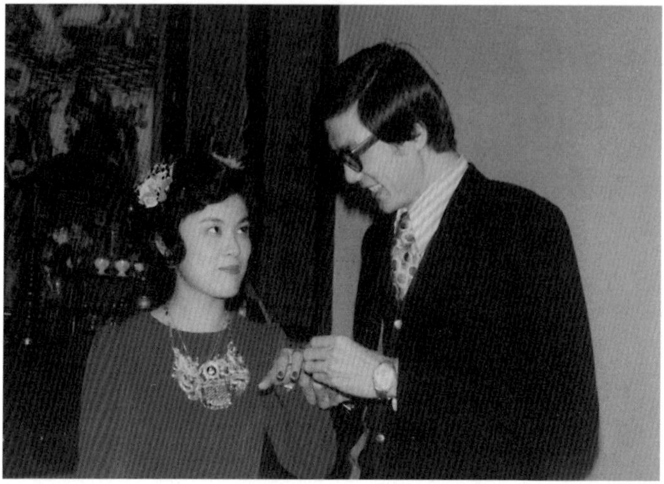

1 | 結婚照裡，二十一歲的洪肅賢燙著典雅的鬈髮，一襲紅禮服，配上純金的項鍊，極爲大方漂亮。她的眼睛大而有神，側影頗有影星林鳳嬌的丰采。

2 | 吳威廷好動，有時唸經，洪肅賢叫他坐好，他卻回說：「妳不要強迫我，強迫的話，唸出來的經就不會快樂了。」小兩歲的吳旻潔看見哥哥的虔誠，也跟著一起打坐唸經。

1
2

第九章

從未失敗，只是尚未成功

一九八一年，尹德川決定返回香港發展，計畫出讓「誠建」股票。吳清友拿出打拚十年的銷售獎金、投資房地產土地增值的錢，加上哥哥姊姊的贊助投資，獨資買下公司，從夥計變爲老闆。從此開啟全新的「誠建」時代，也奠定後來誠品的基礎。

從二十出頭到三十一歲，吳清友沒日沒夜投入全部的力氣在工作上，如同池田大作名言：「唯有在奮鬥之中，黃金般的自由，才會閃爍輝耀。」時間往回推算，也才不過十年前，他只是搭火車北上、離愁滿懷的小伙子，如今蛻變成事業經營成功、年營業額上億的公司負責人。這人生跨度何其大！對比他早年放浪不羈、混太保、賭博，又連考三次專科的輝煌紀錄，哥哥們總笑他「大隻雞晚啼」。

這公雞「喔喔」的啼聲裡有著多麼堅實的、閃爍輝耀的鬥志。總的來說，馬沙溝的風霜、父母的汗水、手足的提攜、現實的磨練、妻子的扶持，聯手栽培他成才。

大隻雞晚啼

一九七九年桃園機場啟用，一九八〇年新竹科學園區成立，一九八四年一月台灣第一家麥當勞開幕，帶動全新美式飲食風潮。台幣不斷升值，觀光旅館興盛，那幾年景氣好，誠建業務做得順利，特別在廚房餐飲及洗衣房設備，在國內五星級飯店、醫院、快餐速食連鎖店，遙遙領先同業，占據了九成以上的市場。客戶包括第一線的飯店旅館，如：晶華、凱悅、香格里拉遠東國際飯店、長榮桂冠酒店、福華、高雄的華王，台中的全國飯店；以及麥當勞、必勝客、達美樂等連鎖速食店。

誠建內部刊物翻開第一頁，大大印著滿版吳寅卯的毛筆字「誠」，底下加注一排小字：「財物有時而盡，唯一誠字終生受用不盡——父親的訓勉」。位於建國北路大樓地下室的辦公室，素雅的迴廊盡頭有兩張一大一小檜木供桌，八卦形鏡子置中，小桌插著鮮花。兩側牆面掛著一幅隸書對聯，左聯為「誠為立人之本」，右聯為「建為立業之根」，正是誠建精神的表徵。雖然是賣硬邦邦的機器設備，但公司氛圍極為文雅，空間飄著古典音樂，地板是厚實的山毛櫸、接待櫃台是大理石檯面，四周擺放藝術雕塑、牆面掛著畫作。

經營誠建時，吳清友為自己建立了「我從未失敗，只是尚未成功」的積極信念。這是他人生的一個核心價值。

有一年，台塑資材採購部，要為長庚醫院採購七台製冰機，每台製冰機一天需要製造兩百磅冰塊，提供醫院使用。依照吳清友的機械專業來判斷，誠建的製冰機既比其他廠家的便宜，製冰速度快、又較為省電、功能也比較強大……不管從什麼標準來看，誠建製冰機的「性價比」必定優於其他投標的廠商。

結果，出乎意外，這個標案最後卻由某家日本廠商拿下。

吳清友非常疑惑，也不太服氣，再度找機會拜訪客戶，要求對方再做一次「性能分析比」。結果，其中一項最關鍵的因素，竟然沒有列入評比：誠建的製冰機進水溫度以攝氏二十度計算，而競爭品牌卻以十四度計算，因而製冰前還另需一道「預冷」程序。然而預冷成本、所消耗的電力、實際運轉的費用，卻忽略未計，誤導了判斷。如果將預冷的電力及時間加入計算，日本廠製冰機的耗費，便遠大於誠建的製冰機。

他向台塑採購部門反映此事，最後成功翻案，拿下訂單。

被拒絕才是開始

一件案子失敗原因很多，可能機器性能眞的不如人；或是價格太高；甚或被人要弄，台語說的「烏龍旋（ムせ）桌」⑧。吳清友說：「遇到困境，總要探究爲何失敗？知道了原因，可以積累經驗，同時減少下一次失敗的可能性。」最通俗的說法是，就算跌倒在地上，也要想辦法抓一把沙。僅只是一念之轉，失敗也不再只是失敗。

他從不因此就認輸，也不願輕易放棄，做爲一名業務員，敲客戶的門被拒絕、別人不理你、案子沒有談成是理所當然的，他總勸誠建的夥伴：「做爲一名業務人員，被拒絕才是工作的開始，而不是結束。」

他當然明白，一個人極有可能被拒絕五十次，對方還是不願見你。但是，吳清友說：「經過五十次努力才放棄，與第一次被拒絕就放棄，結果雖然一樣，意義卻截然不同。」他認爲，除非這個世界跟你有仇，否則客戶或老闆，看到一位少年囝仔被拒絕一次、兩次、三次、八次，仍然如此勤懇不懈的拚搏，「人心是肉做的，難道他不會被感動？」

用自己的風格做生意

「誠建」的英文名字刻意選了 Faithful Standard Group。之所以用「Faithful」，是因爲早期誠建運用最多的主要是三種材質：石頭、木頭及金屬，都是最天然、純度最高的材質，代表著要對員工及客戶、供應商發自內心的眞誠。公司的企業文化也極

⑧ 意指：故意扭曲事實、因果倒置、混淆是非、胡說八道。

爲低調樸實，甚至業務員有三不政策：「不准抽菸、不准染燙髮，不准上酒家。」這種質樸的精神一直延續到之後的誠品，儼然已成爲其企業精神。

有一次清潔公司到誠品松德路辦公室來打蠟，木質地板打磨得油光水滑。吳清友隔天進公司，眉頭一皺，覺得過於浮華，不合誠品含蓄內斂的氣質，要求全數清理。結果工人花兩天用機器打的蠟，卻花了一個禮拜、跪在地上一點一滴用手工刮清。他們一邊刮，一邊暗罵老闆莫名其妙。

吳清友在誠建的公司內部刊物寫道：「我們深刻了解到，廣告不能改變事實，實力不必依賴誇張，經驗則必須建築在日積月累的深耕裡，我們相信因果，我們知道本末，我們更一致認同，滿足顧客的需求才是企業成長之道。」通常說來，企業刊物根本不會出現「因果」與「本末」這類非商業性的概念。然而，吳清友對於什麼是「本末」心裡清楚明白，更究極來說，早在他接觸佛教之前，即深深敬畏因果之不可思議。

對佛教來說，「因果」是貫通過去、現在與未來的超越性的法則，因此吳清友做事的標準可想而知。誠建所賣的設備，不是消耗財，都是與時間拔河的「資本財」，一項設備投資之後，必須耐用十年、十五年，甚至二十年以上。吳清友說：「誠建的設備必須禁得起幾年的考驗，假如我三十年前就靠一隻嘴花蕊蕊，錢到手了就好，拋持只賺一次的想法，就不可能長久。」

他認爲，業務員口才不一定要好，但是一定要有誠信及專業，才不會爲成功而不擇手段，凡事努力求取坦誠。即便有時仍被業主或客戶考倒，寧可坦承自己的無知或疏忽，回公司研究、查清楚，再回答他們的疑惑，他再三勸誡同事，「切勿不懂裝懂，縱然因爲被考倒失去了這筆生意，但是你維持了你的人格，加深了別人對你的信賴。這都比起你不懂裝懂，僥倖得到一筆訂單要來得重要。」

永遠不能失去信譽

以前業務員地位不高，常被人瞧不起，只有率先自尊自重。吳清友明白告訴員工：「誠建可以失去生意，但絕不能失去信譽。」你寧可做一個有誠信的人，這次生意沒做成也不要緊。洪肅賢觀察到，「他告訴客戶這片鋼板是幾公釐，絕對不會少一分；說是進口的，就是進口的，絕不會騙人。」

經營企業但求抬頭挺胸，如同他們父母教導的：「汝愛乎人偏，勿倘偏人。」

精準的數字概念對吳清友來說，代表著專業與自尊，也展現他的敬業態度。吳清友已退休的祕書胡媛說：「老闆對數字的敏銳及精算能力，可以準到小數點之後三位數字。」例如，進口廚具設備大都以模組化來設計，而所有的尺寸與數字，都牢牢烙印在他的腦海裡。直到今天，吳清友仍隨口背得出廚房「四口爐」的美規尺寸。做業務時代，他每到工地現場，光看那空間，腦海中模組就自然而然地連結、組織、布建，預先精準估量出最後配置。他做事嚴謹，設備尺寸量得分毫不差，機器運來，「咔啦」放進去都剛剛好，沒有多餘的間隙。

他也把誠建訓練成爲一支魔鬼隊伍。魔鬼就在細節裡，他在公司開會時，很不能接受同仁說，等我待會兒查報表，再來確定數字，他往往一聽臉就垮下來。之後，誠品信義店開幕前的損益表全部由他自己估算。

吳清友還一手建構誠建的獨特營運模式——「turn key project」，他解釋：「我們最後交給客戶一把鑰匙，它涵括了客戶全部所需要，客戶只要轉動鑰匙，便可以得到『統包整合一站到底的服務』。」

「轉動鑰匙」是濃縮了無數細算的生動比喻，例如，一家新飯店有多少房間，他從源頭開始計算有多少客人？多少餐廳？多少張床、被單、制服等，計算出一天所有的洗衣量，需要多少磅的洗衣機、烘乾機、壓燙機……等。同時細分乾洗、濕洗、什麼材質？是聚酯纖維、混紡或是百分之百純棉？要使用哪種洗潔劑？耐久性如何？如何因應繁複的使用狀況，精算出設備的規格及數量是一門專業。有的顧問公司會跟設備廠商勾結，指定品牌，從中操控牟利。因此吳清友不能只懂得機器，還學會先期的顧問精算工作，從前端源頭開始介入，與業主以及建築師共同規劃、解決問題，從一開始就知道客戶需求，進行「價值鏈」與「供應鏈」的一條龍式服務。

因此，誠建不靠送禮，也不必應酬，憑靠扎實的基本功、以及誠信重諾得到生意。他的三哥吳清河同樣身為跨國成衣廠的管理階層，卻說：「我從來沒有教清友如何策略思考或是經營管理，他的策略比我還強，『不單賣設備，還賣服務』這一招眞的很特別、很厲害，讓人家即便是花稍微貴一點的錢，也心甘情願。」

以知識領先贏得信任

吳清友做生意最大的收穫，是和這些大老闆結為好友。

這些設備價格高，都是數十萬、百萬，甚至千萬的大生意，因此最終皆由老闆或董事長拍板定案。吳清友經常要向他們簡報溝通，他因此關心他們所關心的、想他們所想的，甚至比他們知道更多、或是沒有注意的事。這幾年三哥到吳清友家，往往看到他桌上堆滿一本又一本的國外旅館經營、餐飲、建築方面的外文雜誌，裡面留下大量他畫出的重點、標籤與眉批。他就是以「資訊領先」來贏得客戶老闆的欣賞與信任。

洪肅賢說：「他買書、買國外雜誌，花錢完全不手軟，每隔一段時間，我就要大量清掉一次。」有一度，吳清友過於醉心建築空間，還說想花幾年攻讀建築研究所。

吳清友做足準備，鴨子划水般的用功，別人跑業務靠關係，他則憑藉本事與用心。同時，他也藉機向這些客戶大老闆們學習怎麼經營旅館？如何思索產業趨勢？甚至觀察他們怎麼管理員工。「最後這種信賴，超越了單純的買賣關係，變成友誼，甚至平起平坐，我和很多老闆也成爲終生好朋友。」他說。

這種深度的自我錘鍊，也爲他帶來長遠的助益，他與建築師、設計師交流頻繁，往返切磋，無形中提升了美學敏銳度與品味。他對空間的用心，在日後打造誠品的「場所精神」時一一展現。而今，松菸的「誠品行旅」、蘇州「誠品居所」在每一方寸之間處處融入了他所偏好的美學、空間型態和材質，也可說是早已有跡可循。

栽培小弟

吳清友自己成功了，也不忘栽培最小的弟弟吳明都。小弟在一九八二年八月退伍後第一天就加入誠建。第一個月，吳清友就幫弟弟「降」薪，從一萬零五百元降一級，到八千五百元。「我們家一定對自己人特別嚴苛，我哥覺得『人咧做，天咧看』，一定要做得比別人更高標準，不要給人講話。」吳明都說。

誠實透明也是公司內部的原則。八〇年初，誠建的營業額還不是很高，就請「資誠聯合會計師事務所」做會計簽證，吳明都強調，「我們財務一本帳完全是透明的，完全沒有內帳與外帳。」

如今，吳明都加入誠建以及之後的誠品前前後後已經三十五年了，一頭白髮，清瘦乾淨，長得神似父親吳寅卯。他說，很多案子其實用灰色地帶便可以做到，但誠建有為有守。有一次，誠建承接福華飯店的案子，明知飯店因故延後開幕，設備商可以順勢不必急著交貨，但是吳清友卻說：「業主延遲開幕是他們的事，我們講好的時間就要做到，頭家講話要算話，不要隨便給承諾，一旦承諾就想辦法去達成。」

吳清友的教導，完全塑造、影響著吳明都，他說：「一個好的採購人員，離開這個工作人家還是尊敬你，代表你的工作是成功的。」

吳明都也學到哥哥做業務的精神。八〇年代中，速食業大舉登台，麥當勞、溫蒂漢堡到處設點。吳明都曾在溫蒂吃一個月漢堡，藉以測試廚房設備的實作品質。「很多業主把我的電話貼在廚房，告訴員工，有問題直接打電話找我。」他往往三更半夜跑去幫客戶解決問題。

做生意的道理是，講高品質、講誠信、發自內心的服務，讓客戶的事業可以開展發達。那時候還沒有發展出「三贏」的說法，但誠建一直以來就是這樣做，吳明都說：「我們比較貪心，我們希望給人記得，感激誠建爲他們做的。」

礦工的啟示

當年，誠建辦公室掛著兩幅洪瑞麟的礦工畫作，標誌其精神特質。那是一九七九年「春之藝廊」爲籌措礦工急難救助基金，而舉辦的一次義賣，吳清友常逛畫廊，因緣際會購入，收藏至今。這是他第一次收藏藝術品。可以說愛與慈善，是他接觸藝術的原點。

作品很長一段時間都掛在建國北路的辦公室牆上。工作空檔，吳清友總是凝視著畫作，望著那些簡練、流暢又粗獷的筆觸出神。那看似不經意的幾筆，精準勾勒出礦坑內獨特的壓迫氣息，陰暗的光線、潮濕的坑洞，礦工們黝黑的身驅，緊繃的肌肉。特別是那一張張飽經風霜、說不出是無言抑或哀傷的臉孔，彷彿可以感受到畫筆起落之間，那生命的呼吸。

洪瑞麟曾這樣寫下創作心情：「在他們一鏟一鏟單調的節奏中，不可否認的，他們掘取的不是煤，而是生活的本質，生命莊嚴的躍動。這一切都強迫我必須用最簡潔的筆觸，將他們駝了的背、長久勞動而畸形的關節，整個身體因用勁而誇張的線條，眞實的速寫下來。」

吳清友想到自己做業務，再怎麼辛苦，至少都衣裝整齊、出入於鋼筋混凝土建造的高樓之間，在沒有風險的環境下工作。礦工們卻全然不同，他們的工作是求生存，是關乎生死的事。

吳清友第一次收藏這些作品，他說「藉著深思著礦工們的生存方式，在暗淡的色彩感受其堅韌的生命力，自我警惕。」這種人文關懷，無形中讓他摒除了商人的銳氣與貪婪。

後來吳清友成爲董事長了，有次記者會，一位年輕的記者（筆者）與他交換名片，坐在貴賓席的他，立刻豁然起身，同時恭敬雙手奉送自己的名片。這幾乎是所有大老闆不可能做到的姿態。他的一舉一動，眞是一位終身業務員的靈魂，「生活的本質，生命莊嚴的躍動」眞實的寫照。

一理通、萬理徹

吳清友說：「一個獨立的生命體必須要找到永遠不喪失、蘊藏於內的自我驅策力（Ego Drive），做自己生命的主人，這種生命內在動能不能建立在別人讚賞、鼓勵、獎酬之上，而是源自於內心，它如同靈魂裡的火焰，奮力向上，熊熊燃燒，永不偃息。」

雖然誠建純粹經營商業性設備，但是後見之明來看，它的經營理念已經很接近未來的誠品書店。只是銷售的內容項目變了，但是對待人的觀念、價值、信仰、心態皆無二致。誠建關心客戶所關心的，誠品書店也關心讀者所關心的，不將「書本」銷售視爲單純的金錢買賣關係，吳清友說：「我當年在誠建積累的心得，成爲我後來創立誠品的養分。」

他想到父親總用台灣話說：「一理通、萬理徹。」意思是若能悟得核心精髓掌握要點，自然能一聞千悟，一通百通。

1 | 經營誠建時，吳清友為自己建立了「我從未失敗，只是尚未成功」的積極信念。這是他人生的一個核心價值。

2 | 吳清友把「誠建」訓練成一支魔鬼隊伍，還一手建構獨特的營運模式。誠建不靠送禮、不必應酬，完全憑藉扎實的基本功，及誠信重諾得到生意。

第十章

空虛的信號

八〇年代開始，台灣經濟起飛，三十出頭的吳清友有自己的公司、自己的房子、自己的小小世界與飽滿的幸福。那時候他父母尚健在，事業及家庭皆一帆風順，世俗對圓滿人生的成功標準「五子登科」，他都擁有了。

先前幾年事業步上軌道之後，吳清友出於對建築的私人興趣，陸續購得幾筆土地、房產與證券。過去他祖母曾因撿拾別人田間收成後殘餘的番薯，不料遭地主誤會，狠心毒打。沒有自己的田地即無立錐之地，購地買屋興許是「有土斯有財」深層心理動機使然。

五子登科，然後呢？

原本無心插柳，但事後發展卻大出意料。約自八〇年代中期開始，台灣房地產猛暴突漲，有如脫韁野馬。吳清友眼光精準，幾乎沒有失手，於是在短短幾年內累積出一般上班族終生都無法奢求的財富。吳清友晉身新富階級，他坦言：「公道來講，在那年代，能擁有那麼多錢，也不是一般人有的機運。」

有一回，爲了讓父親感到欣慰與放心，吳清友認眞估算了自己的身家，竟有十億以上。一九八五年，他在陽明山購地自建，二百多坪的獨棟三層樓宅院，緊鄰廣闊、生機蓬勃的苗圃，春櫻、夏荷、秋楓、冬椿交替綻放，終日近觀紗帽山綠意與山嵐。他特別在地下室預留挑高的天花板，做爲個人的小小藝廊，準備收藏、展示心儀的藝術品。

一切如夢似幻，形勢大好，好像電影情節般的生活，可以用幾近完美來形容。說「幾近」，是因爲吳清友在這種豐腴的生活裡卻感到空虛。他隱隱然害怕生命的所有可能會被眼前的飽衣暖食所拘限，而停步自滿，一如身陷泥淖的樹，看起來枝葉蔥蘢，底下的根卻已開始腐爛。

尤其他經歷過家裡破產，一貧如洗的日子，更加認爲自己沒有擁有這些財富的「正當性」。他明明看到很多奔波勞碌、認眞做事的人，付上數倍於他的犧牲，但所得卻是微乎其微。他捫心自問：「我何德何能？竟能如此幸運？」

遷居陽明山自宅的第一天，吳清友把兩個孩子叫到跟前：「別人沒有比我們更努力嗎？爲什麼我們可以住在這裡？」當時念小學的吳旻潔答不出來，只感到父親似乎自覺無法住得如此問心無愧。這或許是吳清友準備做一些事情的自我喊話，甚至自我催眠。

早發性中年危機

難道，五歲時「李聖宮」前算命仙一席「成功賺大錢」的預言居然兌現？他感到好不眞實，像在海邊堆沙堡的孩子，眼睜睜看著資本潮浪席捲而來，就足以輕易抹平沙灘上的一切。

這樣一夜暴富，形同不勞而獲的「暴利」，雖不是巧取豪奪，但他總感到惴惴不安，心中盤桓著好多疑惑：「一個人即便享受著阿金溺銀的富貴生活，那又如何？」如果這繁華蜃影只是金玉其外的表象，那扒開來看，什麼才是生命永遠不變的實相？

如果說童年的貧窮，曾經是他人生最初的、唯一的「財富」，何以如今他眞正暴富了，卻感到內裡深刻的「貧窮」？

這種空虛的感覺，多麼像他小時候站在海水裡工作，看到巨大無垠的海面，感到不由自主的暈眩，幾乎要跌進海水裡滅頂！吳清友說：「當我覺得生命空虛時，其實是一個信號。這信號發出來，表示物質、財富、世俗的成就等，都不再能滿足我。」他突然之間喪失了未來的方向，人生還應該要拚搏什麼？

三十多歲，早發的中年危機，吳清友陷入苦悶的僵局，猶如洞窟裡的囚徒，冷冷睇視美麗世界的殘影。深夜，他自疑著種種大哉問，無法成眠。

我不知道我是誰？
我不知道現在在哪裡？
我不知道要成為什麼樣的人？
究竟，生命到底何去何從？

人文啟蒙

吳清友開始大量而廣泛研讀心理學、宗教與哲學方面的書。迷茫泅泳之間，他好像攀到一些浮木，早年學工的他，經商有成之後，現在又急欲開拓人文視野，大量補課，尋覓典範。

他的閱讀看似無目的，其實正好相反，他的目的很清晰而強烈：「如何利用我此生有限的生命，搞清楚生命到底有什麼意義？」這是一段繼他青春期之後，生命中最劇烈的精神胎動，一段自我誕生的過程。

他想穿越表象，到達實相，釐清晦暗不明的價值系統，就像農夫清除稻田裡的稗仔，清理自己的腦子。吳清友說：「我看的書不多，但是很幸運，我從書裡面剛好得到那個生命時刻所最需要的良藥，不苦口、很溫馨。」

大約在這樣的時候，他有機緣讀到史懷哲的《文明的哲學》與陳慧劍先生撰寫的《弘一大師傳》，這兩本書率先錨定了他飄泊的心帆。

色相馳騁、一心寂滅

弘一大師原名李叔同，一八八〇年出生於天津鹽商、票號等巨富之家。他出生時，父親已經六十八歲，母親才二十歲，是他父親第三個妾。李叔同五歲時，父親去世，僧人誦經拜懺，稚齡的他竟終日聽經不倦，待喪事辦完他也熟背出五千八百餘字的《金剛經》。守寡的年輕母親受大家庭排擠，他六、七歲時，便常有「無常」「苦」「空」之感。接著辛亥革命，世事動盪，天津李家票號倒閉，李叔同名下資產蕩然無存，萬般皆空。

一九〇五年，他辦完母親喪禮。兩個月之後，告別元配和兩個兒子，東渡日本留學，習西洋藝術，後識得日籍妻子。回國後成為中國著名多才藝術家，被林語堂譽為當時最有才華的天才之一，任教於杭州第一師範，學生中有大名鼎鼎的豐子愷。

然而這位才華斐然的風流公子，卻在一九一八年忽然間告別名士風流生活，於杭州「虎跑寺」正式剃度出家。出家前他將字畫、衣物、器具一一分贈親友學生，斬斷世間一切情緣。

一襲敗絮的袈裟，一雙補丁的僧鞋，一對淡漠幽深的眼眉，成為他永恆的形象。他即使身形寒枯病瘦，卻堅持過午不食，甘心把自己鎖在戒律之後，任色相馳騁，一心寂滅。

然而，他的出家究竟是破產？遁世？幻滅？情困？世人猜測爭論無休，但始終成謎。只有他的學生豐子愷認爲老師出家極爲合理。

出家，乃源於弘一大師內心更深的追求。

豐子愷以「人生三層樓」爲喻：他認爲人的生活，可以分作三層：一是物質生活，二是精神生活，三是靈魂生活。物質生活就是錦衣玉食、尊榮富貴等滿足；精神生活指的是學術文藝的陶冶昇華；靈魂生活則涉及宗教信仰的永恆探索。弘一大師早年安住在第一層樓，對母盡孝，對妻子盡愛，滿足小我的安逸幸福；中年遷居二層樓，專心研究藝術，發揮多方面的才華，追尋精神的煥發與圓融。

就一般世俗觀點來看，這已是一種難得的圓滿，但是弘一腳力好，接著爬上第三層樓去，追究靈魂的來源、宇宙的根本。不僅出家，而且選擇戒律最嚴苛、近乎苦行僧的「律宗」。佛教講求「戒．定．慧」三學，沒有戒律，不必再談禪定、智慧。弘一大師行止坐臥任何生活細節，絕對恪遵戒律，對己毫不寬待。爲當時衰微的佛教界，樹立一座典範，振興了失傳八百年的南山律宗。

吳清友長達幾十年反覆閱讀弘一傳記，對弘一傾注著一種苦澀的、近乎仰望父親的情感。他多次有感而發：「弘一大師永遠像一座燈塔一般，在種種人世的黑潮裡，指引我前行。」他說自己若與弘一大師相較，充其量只有爬到一樓半，只能時不時探頭，瞻望著那些無法可及的更高境界。

信念不容退縮

弘一大師之外，吳清友的典範還有史懷哲。

史懷哲是出身於法國阿爾薩斯（出生時屬於德國）的通才。二十四歲就拿到哲學博士，並且精通音樂、神學、哲學，原本他在教會有很好的職務，在宗教和藝術文學領域的貴族，可以終生享受優渥的生活與上帝選民的無盡榮寵。然而一九〇四年，他在巴黎讀到一篇文章，提到非洲剛果加彭省缺乏醫生，黑人生病沒有人醫治。三十歲的史懷哲下定決心，花八年時間學醫，之後帶著兼做護士的妻子，走入野性未馴的非洲蠻荒救人。史懷哲一天工作十六小時，毫無懈怠。吳清友說：「假使從一般人簡單的生活觀來看，史懷哲無異於從天堂轉到地獄，但他極度尊重生命，終其一生而不改志。」

吳清友中年危機下，接觸史懷哲對西方文明整體反思的鉅作《文明的哲學》，深刻影響他的思考與抉擇。日後他經常在演講中提到這一段話：

「我們欲達到對世界與生命的深刻肯定，必須先立定志願，維繫自己的生命，以及我們影響所及的每一種存在的生命，並引導他們抵達其最高的價值。這種肯定的信念要求我們構想出使個人的、社會的，以及全人類的物質與精神臻於完美化的理想，且因為此類理想的影響而養成穩定的行動、懷著不變的希望。這個信念不容許我們退縮……」

他多次重讀這段長句，幾乎都要背下來。他似乎聽見自己的心聲，毫不膽怯地依附其上，且有了自己的解譯與鳴響。

那種透在字裡行間的召喚，緩緩流淌在他靈性的溪澗裡，一如雪融冰川的潺潺清流，淘洗著他的心，尤其這一句「構想出使個人的、社會的，以及全人類物質與精神臻於完美化的理想。」像遠方的鼓聲，聽來遙遠又猶在近前。

弘一出離，史懷哲入世，兩位哲人終其一生爲所信仰的生命價值跟主張奉獻，吳清友的生命得到了莫名的鼓勵，而且更加確知的是，自己想探索或追求的，不在於外在顯性的物質成就，而在隱性的、內心意義的探索，「雖然我也不是那麼明白我自己。哲學ABC也沒有讀透，但是他們如此活過的生命，是我佩服的，只能放在心中成爲典範，從這裡出發，重新認識我自己、檢驗我自己。」

吳清友彷彿找到可以對話的知己，不，不只是知己，而是精神上的導師。當然，跟這兩位哲人相比，他自認根本微不足道，若以一個「生命追求自己內在聲音」的標準，他也覺得還不及格，或應歸在失敗組這一邊，他感嘆：「我實在太渺小了，但是再渺小，我也是一個生命個體，也有一點浪漫情懷、有一點小小理想。既生爲人，總要爲生命尋找一個目標，找到安身立命之點。」

吳清友其實從小便是有著十分浪漫本懷的人。關於「浪漫」「理想」，齊邦媛教授說得好，Romantic，所代表既非唯美，也不是羅曼史（Romance）中虛構的奇情，「它是一種對崇高（sublime）理想永不妥協的追求，……強調大自然導引個人心靈對眞善美的追尋與沉思。」⑨

如果不開誠品，吳清友最想做建築師或是詩人。但此時，他內心生出無限嶄新的自我期許，大約是關乎「崇高的浪漫，對眞善美永恆的追尋」。

最偉大的創作盡在書中

人有心靈，不同時刻有不同心情；千萬個心靈，就有億萬種心情，然而眞正的智者，對萬物皆不存輕蔑之心。

吳清友在進行人文追索的這些年間，有限的閱讀裡，他深刻體驗到閱讀對生命的重要性。感到書本如此無私對一個人敞開，如此眾生平等。他說：「我一直從書本中得到很多意想不到的衝擊。」他覺悟到，最重要不是你在「讀什麼書」，而是這本書跟你生命對應之後，你從書裡「讀到什麼」。

這個括號內的「讀到什麼」其實比印在紙上的字句來得重要得多。尤其，當他在德國文豪赫曼．赫塞的《輕微的喜悅》散文集裡讀到這樣一句話，更加印心。

「大自然是上天最偉大的創作，而人類最偉大的創作，盡在書本當中。」

⑨《巨流河》四五〇頁。

這段話對吳清友產生了莫大的吸引力，深切地感動了他。我們若翻開赫曼・赫塞另一本關於佛陀的哲學性小說《流浪者之歌》（*Siddhartha*），開頭第一段，他在三個句子裡重複以「陰影」起頭，字面上首先指的是無花果、柳葉、居所高牆樓宇的「影子」，亦象徵著悉達多貴族生活豐腴、華美的「庇蔭」。當悉達多的父親看到這個俊美聰明的孩子長大了，內心無不喜悅；母親看到他便感到油然而生的幸福；而婆羅門的女子們看他一眼內心便泛出陣陣漣漪，「人人都愛著悉達多，他也討每個人歡喜，並使每個人感到快樂和幸運。然而，悉達多本人並不快樂。」

之後，「影子」就轉義爲人生的煩憂苦悶，變成侵擾他甜美生活的「惡夢」及「靈魂的不安」。悉達多開始對人爲什麼而活感到不耐，「沐浴雖然很好，但那只不過是水，既然不能將罪洗去，也就不能使痛苦的心靈得到解脫。」

之後悉達多向父親表白要追隨苦行者，離開舒適的家，去森林裡禁欲苦修。他父親沒有當下拒絕，卻以深淵般的沉默回應，「他婆羅門父親沉默了很久很久，一直到天上的星星移進房間裡那口小小的窗口，直到群星都改變了圖形，房間裡的沉默都沒有打破。他的兒子合著雙手，不發一言，文風不動地站在那裡……只有星子們在天空移動。」

這是聖者堅定的求道初心。這幾年間，吳清友由中年危機的空虛苦悶，發展出近似的求道之心，再由閱讀之求索，到典範的嚮往，最後經由弘一大師、史懷哲、赫曼．赫塞，他得到人文的啟蒙、靈魂的悸動，視野爲之大開。

雖則，生命終極意義永遠沒有唯一的標準答案，所謂的「溯洄從之，道阻且長」，然而這光在此，這光在彼，在每個人心裡面。吳清友說：「每個人唯一能夠做的，就是要竭盡其力，用自己的光照亮自己、照亮所存在的世界與時空。」

有了這麼多哲人典範背書，他醞釀多時的意念逐漸暴動起來，如厚積雲培育著閃電雷鳴，吳清友想著如何做出一番與這些理想相稱的事業。

吳清友深刻體驗到閱讀的對生命的重要性，赫曼．赫塞的文字深深吸引著他。

第十一章

徘徊倫敦，受傷的心

吳清友在人生意義闕乏之時，從閱讀找到內心掙扎的出口，他發覺實體世界以外，存在著更廣闊的精神世界。所謂「行到水窮處，坐看雲起時」，物質之後，是精神的躍昇。這幾年間，他如孩童般，赤足涉入藝術的國度，發覺芳草鮮美，落英繽紛，各種奇花異卉，給他很大的精神滿足。

他之愛藝術，一方面出於對美善本身的嚮往與追求，另一方面視藝術家爲人生奮鬥信念的體證者，藉以激勵自我。

一九八八年二月，吳清友藉一次英國出差的機會，想要買入英國雕塑大師亨利．摩爾（Henry Moore）的作品。他的作品由倫敦的「馬保羅畫廊」（Marlborough Fine Art）代理。「馬保羅」總部設在倫敦，於東京、紐約、蘇黎世都有分部，是世界頂尖的藝廊之一。

之前幾年，八〇年代初，香港市政局在維多利亞港邊舉辦一次亨利．摩爾戶外大型展覽。這是吳清友首次接觸亨利．摩爾。這位被譽爲二十世紀最偉大的雕塑家，以創作人物雕塑聞名。他以抽象手法創作，母子親情與家庭生活是他最關注的主題。尤其，他打破一切傳統的創新、自成一格「空虛又飽滿的實體」，深深吸引著吳清友，他說：「亨利．摩爾對自己擁有堅定的自信，從來不理會藝評家的看法，也不需要他人來定義，回到最簡單的自己。」吳清友向來收藏的不只是作品本身，更是藝術家背後的生命態度。遷居陽明山之後，他的家裡有一個空間，想來想去，始終只有亨利．摩爾作品最適合。

台灣人不配藝術？

吳清友滿懷希望而來，入住海德公園旁的「希爾頓飯店」，那天是週一，畫廊通常沒有營業，但吳清友停留時間有限，他還是去碰運氣。

畫廊就在皇家藝術學院附近，吳清友走進陰冷的倫敦冬季，樹葉都凍光了，枯枝紛紛指向灰灰的天空，行人裹著圍巾，全身厚衣大氅，個個神色匆匆。

畫廊門口站定，他緊張地按了電鈴。等了許久，畫廊門拘謹地開了一道門縫，一位英國老太太朝他看了看，皺起眉頭。吳清友說明來意，同時簡潔地展現他對亨利．摩爾下過的工夫。

老太太問他：「你是不是日本人？」不是，「韓國人？」他又搖頭，「那麼，你來自……？」吳清友當下心裡有了波動，「我來自台灣。」

老太太露出不以為然的驚訝。即使只有那麼短短的一瞬，那神情也深深刺傷了他。

當時亨利．摩爾一件大型件品，動輒上億元，值陽明山的一棟房子。吳清友做足功課，決定買一件七、八十公分左右的中型作品，當時行情開價約三十五萬英鎊。他事先研究過兩件心儀的作品，想看過原作之後，再從中擇一。但是，當天畫廊不對外營業，老太太約他隔天再訪。

老太太意外多問的這三句話，卻教他自尊受傷，吳清友感到失了魂魄。原來，當年西方頗負盛名的馬保羅畫廊或藝術圈行家，並不認爲華人構得上藝術品味，「在西方藝術鑑賞圈裡，所有的華人，他們可能都看不上眼。」他的心情，比幾近零度的氣溫還冷。以致，他連回飯店的方向都弄反了，沿著皇家藝術學院，順著皮卡迪利街，走到最熱鬧的攝政街，迎面都是外國臉孔。不知走了多久，幾乎繞了一大圈才回到飯店。吳清友想：「我在幹嘛？我想要買的作品，也不是亨利．摩爾最重要的代表作，錦上添花做什麼？」

穩賺不賠的生意

這種感受又帶他回到一九七五年第一次去美國的經驗，離開家鄉才知心之所在即是故鄉。回到旅館，那一晚他心緒萬端，既不羨慕、也不自憐。失眠中他想到三十五萬英鎊，當年以一比五十來換算，是一千七百五十萬台幣的大數字，如果在台灣開一家畫廊，一千七百多萬，省吃儉用，就算不賣一張畫，大概可以撐個四年。他算了算，如果一個月兩檔，一年二十四檔，四年多營運下來，就可以讓至少上百位台灣藝術家有個展覽空間，而且沒有財務壓力。他想「我就算有點錢，也是在台灣賺的」，錢用在自己的土地上，再怎樣都是穩賺不賠的生意。

同樣的錢，用來買作品跟開畫廊，居然有如此不同的價值。當晚，吳清友便打電話告訴太太：「不買作品了，我要用這些錢，回台灣做更有價值的事。」

隔天，吳清友仍依約前往畫廊，英國老太太給了他很好的接待，同時還開了庫房，讓他跟亨利・摩爾的作品合影留念。但最後他只帶著照片離開，吳清友存著這張照片直到今天，像是一則紀念。

從一九八五年搬到陽明山開始，吳清友家裡每天出入各種文藝人士，刺激從四面八方而來。這幾年之間，吳清友因爲工作出差，很早就有機會出國考察，他曾造訪愛爾蘭鄉間 Waterford 水晶工廠，到英國鄉下森林裡參觀 Wedgewood 公司，讚嘆他們百年的工藝水準及美學品味。出於對藝術的熱愛，他也請人在倫敦蘇富比夜拍舉牌競標藝術品。甚至有一年，他入住巴黎最好的酒店，一待十八天，看遍羅浮宮、奧賽美術館、龐畢度中心，拜訪中國抽象畫大師趙無極的畫室、旅法畫家陳建中、戴海鷹的工作室。

吳明都說：「我哥哥喜歡的東西比較形而上，我比較形而下。」那幾年間，閒暇時吳清友常與藝術圈好友切磋文藝，假日帶著孩子到「春之藝廊」看畫展，浸淫於藝術之美。陽明山冬夜陰冷，夜讀時分，他便在壁爐燃起柴火，就著火光小酌，聽著烈焰中柴薪嗶嗶剝剝燃燒的聲響；或是一邊品茶，一邊研讀哲學或宗教書籍，陪伴他的是李查·史特勞斯火熱的曲子，或是以赫塞之詩作譜寫而成的藝術歌曲，內斂式的激情，給他無限藝術的想望。

人生歸零

追求人生眞實意義的「執念」，牢牢盤踞在吳清友的內心。他太過飢渴了，有一回讀到一本《零基預算實務》，這原本是商務經營管理的內容，他一讀之下，居然也變成人生哲理書。

「零基」原本是美國海軍發展出來的管理邏輯思維，一般預算思維，皆以前一年爲基準，再加上新一年其他變數的調整。但是這本書談「歸零」，反而強調預算可歸零重新來過。對吳清友來說，書中其他的內容已不重要，他從中擷取一個很強大的觀念——零基——撞擊了他當時中年危機的生命狀態。

放在歸零的基準之前審視，我們眼前的世界是不是在所有可能世界之中，最值得、最好的一個？人生如夢，夢中有夢，如何將人生可能性推到最大的極限？可否像開著一輛無堅不摧的推土機，把既有的一切陳舊剷平？以前種種譬如昨日死；現在種種譬如今日生，能否二度降生，成為新人？

「歸零」已從現實經營的指涉，提升為哲學議題，讓他想起中國古哲學中的止、定、靜、安、慮、得。他再往前一步推想：「既然年度預算可歸零重新來過，那事業與生命更應及早思考歸零。」

如果未來不僅僅止於預測，而是一切重新再造的契機，他進一步問：「如果我將生命倒空、歸零重來，那麼我可以做什麼？」

一個心念，牽引一生。他被「零基」徹底說服了，同時在當年處於黑暗甬道的摸索心情裡，燃起些微星火。

「歸零」之後，就是新的「覺醒」。他想到自己衣食無虞之後，心靈有藝術的需要。那麼同理，台灣社會國民所得到了一定的地步之後，將會想要追求不同的心靈滿足，他能夠做什麼呢？開個畫廊好嗎？或是開一家書店好嗎？

一張白紙

他這樣子想，那樣子想，事事盤算著。遠住在高雄的三哥吳清河有機會上台北，都會找吳清友長聊，有時吳清友下南部，兩人相談極爲投契。那段期間，吳清友一開始沒有明說要籌備畫廊或書店的理念，但是三哥觀察到：「他在提及自己的抱負時，我隱隱約約感覺到他心中在醞釀著某一種想法。」

之前，吳清友在生命困頓階段，透過閱讀感到受益良多。所以自然而然，他希望別人因爲書店的存在而得益，後來他總說：「誠品，一切起心動念，不過是契合閱讀的理念而已。」如今又加上倫敦畫廊事件的刺激，開書店與畫廊的想法，更加明確。「我想，老天爺賜給我這些錢，大概是覺得我不會拿來亂花，會用在最好的落實處。」他說。

正因爲歸零效應，他顯得勇者無懼。吳清友說：「創立誠品之前，我才不會在意：書店我懂不懂？畫廊我懂不懂？其實我都不懂，但正是因爲一切從零開始，正好可以用一張白紙的心情重新開始學。」

三哥也發現自己這個最親的弟弟，當他要做事情，跟以前放浪時態度完全不同，「他開始做事業時有一套非常嚴密的規劃，不是只有一個發想而已。他對美術、建築、藝術方面，也下了很多功夫。他的書房有一張大書桌，上面一大疊資料，他往往一再的想、一改再改。他想得很深、很細膩，有追求極致的強烈性格。」

留給王永慶來做

吳明都回憶，四哥（吳清友）開書店時，沒有跟他太多討論，他自己決定就做了。可是他依稀記得，哥哥從三十多歲開始就一直在講，他始終覺得廚房設備這行業畢竟是一個生意，做得告一段落了，「我們若眞的是愛台灣，不是靠嘴巴講的，要落實對台灣這塊土地的感情。每個行業別不一樣，只有文化教育產業或書店，才是一輩子的、永續的。」

後見之明來看，吳清友沒有做誠品的話，日子可以過得很好，如果沒有弘一大師的腳力與願力，他至少在人生的第二層，也是很圓滿充實。

一開始，吳清友要籌備誠品時，洪肅賢不是很贊成。她提出質問，如果要做這麼大的事業，應該由首富們如王永慶來做，吳清友回說：「王永慶太忙了，他要照顧太多人、事情太多，沒有辦法做。」她永遠記得那時吳清友都提了計畫書，「他準備多少錢開誠品，我不清楚，但是要賠的錢倒是已經準備好了。」

然而，錢的問題，其實還是其次。

更重要的事

洪肅賢的上師第一世卡盧．仁波切生前曾來台多次，吳清友雖從未見過他，卻一直與他具有深緣。每次來台弘法，吳清友即提供復興南路的老房子給上師居住。

在仁波切最後一次來台弘法，法會即將結束時，洪肅賢問吳清友：「要不要爲你祈求什麼？」一般人都要求發財或富貴，至少也求平安健康，吳清友卻說：「請求仁波切祈福之後，全部迴向給眾生。」

仁波切離開台灣當天，卻沒由來忽然心有所感，特別對洪肅賢說：「妳先生是個好人，要好好待他。」接著又說：「假使妳先生有什麼行程，要讓我知道。」

「行程」？多令人費解的詞彙。

經由洪肅賢轉述，吳清友心覺罣礙，當時他已經決定開書店了，難道與誠品有關？託人探問，卡盧．仁波切卻說：「不是這件事，而是更重要的事。」

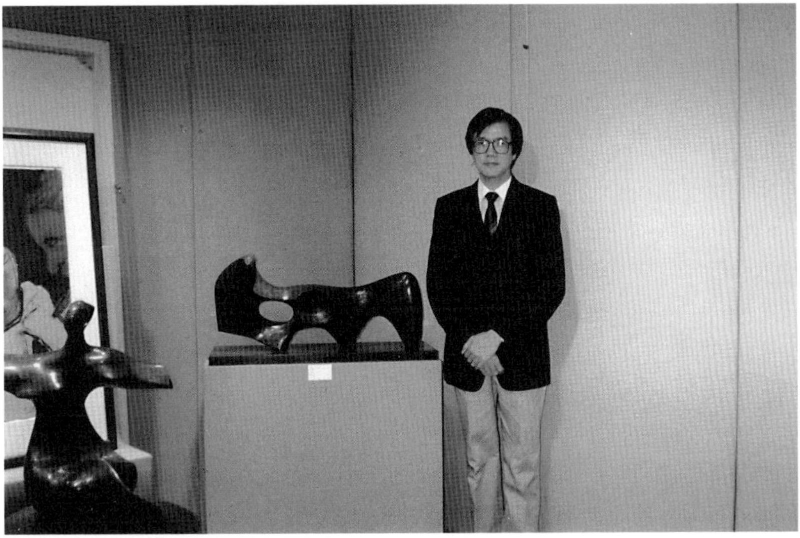

在倫敦的畫廊庫房中，吳清友與兩座亨利・摩爾的雕塑作品合影。他把計畫買雕塑的錢帶回台灣開畫廊。

第十二章

不斷膨脹的心臟

正當吳清友籌備書店畫廊之際，一九八八年十一月十九日，禮拜六早上，病痛無預警地突然來了。

那天，誠建某一設備部門，因爲提早達成年度目標，在石門水庫附近的飯店舉行慶功宴。前一晚，吳清友招待員工住飯店一晚，隔天，他準備帶著太太跟員工同樂聚餐。

那天早上，洪肅賢如常起床做早課，之後進臥房，卻看見吳清友一動不動躺在床上，臉泛青光，氣色極爲難看。

洪肅賢正感到不對勁，吳清友又說了一句：「阿洪，可不可以幫我穿襪子……」這是過去從未有過的要求，她馬上意識到情況不妙，「趕快，我們到醫院去！」

吳清友被扶到家門口還可以自己走，救護車從仰德大道一路鳴笛開下山，三十分鐘內火速趕到仁愛路的國泰醫院。到了急診室門口，他已經不能走路，整個人癱坐在輪椅上。

麻煩症候群

其實，吳清友的「心臟擴大症」只是含糊不清的僞裝，他實際患有「馬凡氏症候群（Marfan syndrome）」，取其諧音又叫「麻煩症候群」，顯示它牽連甚廣，很難對治。此症起因於第十五對染色體長臂上的纖維基因發生異常，造成身體結締組織紊亂，引生骨骼、心臟及眼睛病變。

以外貌來看，吳清友身高一百八十八公分，但兩手平伸總長卻達二百零八公分。這代表著他身上的結締組織功能不良，造成韌帶與關節鬆弛，以致他心臟很強，但血管很弱。原本心臟血管因爲有逆止閥可以閉鎖，血液流向同一方向，可是結締組織缺陷，逆止閥鬆弛、主動脈剝離，血液就不斷逆流回心臟，迫使心臟又得更用力搏動以輸血。惡性循環之下，心臟不斷膨脹起來。

不斷「膨脹的心」有一種雙重隱喻：一方面是精神層面對生命意義的無盡渴求，另一方面是他身體裡這顆先天不停擴大的心。那一年，吳清友才三十八歲，在此之前，他根本不知道事態嚴重。剎那間，莫名其妙的病痛，沒有通知一聲就挑中他，全家頃刻間烏雲滿布。

醫生知道事情不妙，把他送進ICU（加護病房）。加護病房主任私底下把洪肅賢拉到一旁說：「趕快，時間不多，妳趕快問錢存哪？密碼多少？還有什麼要知道的——」她一時沒反應過來，主任又委婉提醒：「唉——這樣子講妳還聽不懂嗎？」然而，洪肅賢來不及知道的事情又豈止是這些，千頭萬緒，手足無措。在一切都沒有準備之際，吳清友就要進行一次大手術了。

住高雄的三哥，連夜趕上來。洪肅賢忽然想到仁波切曾交代過的事情——「如果有什麼事件，要讓他知道」，難道指的是這件攸關生死的心臟手術？

上師雖然交代過，但吳清友剛入院時手忙腳亂忘了。吳清河連忙提醒洪肅賢：「我在這裡照顧，妳趕快回家去找卡盧・仁波切的電話，並告知情況。」

洪肅賢急忙開車回陽明山找電話。她走到停車場時，想到醫生要吳清友交代遺言，心就絞痛起來，她才剛坐進車子，眼淚就湧流不止，「當下我真的很難過，覺得他好可憐，他是好人又這麼認眞。打從我認識他那一天開始，他有一點時間就工作，有時甚至做到天亮。這麼認眞拚到今天，現在才開始好命一點點，爲什麼？就要走了！」她根本無法開車，俯趴在方向盤上哭得不能自已。

治療這種先天性心臟擴大症，必須以人工瓣膜及人工血管修復主動脈。手術勢在必行，但早年這種手術的成功率很低，醫師說僅百分之十左右。吳清友說：「這番話大概是安慰病人的成分居多，我心裡想，恐怕連百分之五都沒有。」全家陷入愁雲慘霧。躺在ＩＣＵ，吳清友神識一直都很清明，醫療團隊爲他降脈搏血壓，抑制心跳，強迫變慢，延緩心臟膨脹自毀的速度。洪肅賢說：「其實就是拖得過、拖不過的賭注，聽天命了。」

教學台上的案例

正式手術之前，必須先以心導管探察心臟內部情況。因爲這次機緣，他得以認識救命恩人台大醫院的洪啟仁院長及林永明主任。洪院長由台大被緊急請來支援，他認爲這是大手術，在人力不足的週末時段進行，並不妥當。爲免有什麼萬一，他建議延至週一上班時間，屆時將有整組的開心小組可以因應。

但是，人算不如天算，手術仍因故延宕到月底，在等待手術期間，紐約大學醫學院正好有位教授訪台研究，當時國泰心臟科要找一個罕見的心臟病案例，供教授教學研究。吳清友罹患的先天心臟病具有高度的研究價值，醫師徵詢他的意願。

吳清友說：「當然，這是得天獨厚的機會，一般人都沒有這樣的資格。家人當然不捨，我也不是說大義凜然、捨我其誰，只是我心裡明白，如果我不去做，試問誰來做？因此，我是心甘情願的。」

十一月底，吳清友自ＩＣＵ被移躺在冰冷的教室教學台上。他穿著病袍，如一項物件，躺在那裡供大家品頭論足，白板上寫了很多醫學名詞以及幾排蟹行拉丁文。當十位住院醫師輪流來檢查心臟，將發亮的金屬聽診器，直接按壓在他的胸肋上。他心頭仍不禁一顫：「啊，有夠冰啦！」只差沒喊出口。

長壽法

開刀前晚，洪肅賢請友人呂永真小姐發電報給卡盧・仁波切。當時他正要率弟子於印度的菩提伽耶修行一年一度的「普賢祈願大法」。這個法會極盛大，有上千位喇嘛參與。卡盧・仁波切得知訊息後，法會本已結束，僧團也漸散去，他臨時又召集大家回座，特別集眾人之力爲吳清友修了一座「長壽法」。

手術前，吳清友想東想西睡不著，或許是求生本能，他演算著存活的加減乘除，「人是很阿Q的，即使只有百分之十的成功機率，我想我是好人，應該是那幸運的十分之一。」當然這些都是自我安慰，雖然還是沒有辦法解除疑懼焦慮，「但是終究來說，我從來沒有悲觀過。」

他原本思忖要寫下遺書，後來想想明天再寫好了，「可是很奇怪，過了一個晚上，自己很莫名的就很有信心，再加上洪院長對我講了很多話，安撫我。」吳清友得知上師正在遠方爲他修法祈福，或許出於這樣的感應，之後他整個心情都轉化了。開刀前一天他反而睡得很好，隔天起床心裡一點負擔都沒有。「人很奇怪，你在面臨某種特殊情境下，冥冥中會產生一股正向的力量，我很有把握手術最終會成功，不必寫遺書。」他說。

一九八八年十一月二十八日，星期一，吳清友進了手術室。他事先同意全部手術過程被拍成教學錄影帶，「我心想即使在存活的最後一刻，也希望能對醫療有小小的貢獻。」手術長達五個鐘頭，過程中他心臟一度停止，經由幾次電擊，才重新搏跳。他死亡過一回，但他並不知瀕死的感覺是什麼，也不知道靈魂曾在死蔭幽谷裡如何默默跋涉，又曾經歷過怎樣的艱難？總之，他活過來了。

手術完成後，傷口已經縫合了，但埋在胸腔裡的導流管卻一直流出血來，意味著內裡的傷口無法止血。

躺在恢復室，麻醉雖未散，他已漸漸恢復意識，醫師和護士們快步走進走出，忽然耳際傳來一句話「要不要 reopen？」他有點狐疑，偷往左看一下，沒人；往右瞄一眼，也沒人，「整個恢復室空盪盪，只我一人，那麼需要 reopen 的，不是我，又會是誰？」

假如在麻醉昏迷中，沒聽到也就罷了。但偏偏他聽到了，想到得受二次折磨，有點不安。但執刀的醫師有信心，內部傷口縫得很好，應該沒有問題。醫師建議先打血小板以凝血，再靜觀其變。

血小板？那得透析新鮮血液才可得，吳清友的血型是罕見的「ＲＨ陰性」。一時找不到相符的人可供輸血，甚至同事、友人，就連當時正在服役的朋友和一卡車的阿兵哥們也都覓來，但全都不合！最後，踏破鐵鞋繞了一大圈，竟是他每天見面的司機林先生與他同此血型。吳清友說：「我這輩子第一次見識血小板，黃如柑汁，透過袋子發出異樣色澤。」他十分驚異，小小一包，注射進來果眞終於止血。

術後，吳清友在國泰醫院又住了幾天。冬季是心臟病好發的高峰期，病患很多，病房全滿。

吳清友被安排在三人房，鄰床有一個病患是由彰化北上治療風濕性心臟病的孩子。夜裡，隔著簾幕，他聽到孩子的母親暗夜哭著向家人說：「醫藥費怎麼辦？只能回去草地，寫會仔……。」（要回到鄉下標會籌錢）

吳清友想到，這個孩子生病已經夠慘了，媽媽還得煩惱錢不夠，付不出醫藥費。於是出院之際，他暗地捐出一百萬，由院方醫生提供給需要幫助的病患，希望也幫到那個可憐的孩子，而且持續支持了好幾年。

第二回生命

一九八八年五月，卡盧·仁波切最後一次訪台，隔年他圓寂了。一九九〇年九月轉世爲現今第二世卡盧·仁波切。

人無法從做實驗中獲取死亡的經驗，人無法創造瀕死經驗，只有直接去經歷過才行。中世紀哲學家奧古斯丁說：「人唯有面對死亡時，自我才會誕生。」因爲瀕死經驗會挑起焦慮、自省、懺悔等心境，幸運的話，可能會帶來新的覺醒的契機。

病痛讓吳清友歷經一次強迫歸零，「這無預警的襲擊，如同梭哈攤牌，一翻兩瞪眼。我不得不面對自己的內在一切。」他說。

或許是上天要他做一次生命的檢討和反省。人不經磨難，很難有智慧或領悟，吳清友說：「這個病，是上天送給我的禮物，不然像我這麼固執的人，隱藏著各種驕傲與自以爲是。假使不是上天賜給我一個大病，說不定我這輩子看不清自己，更可怕的是，狂妄到認爲人定勝天，最終變成一種可笑的無知。病痛，的確是我的上師。」

住院期間，一位哲學系畢業的同仁，很細心地寫一張慰問卡，「吳先生，上天因爲要你服一帖藥，所以才讓你生一場病。」生病，因而有機會服藥，只是這種藥，不是作用於肉體，而在調伏一顆原本頑固的心靈。

短短幾年之內，吳清友原本不敢想的（巨額的財富），得到了；不想要的（先天性病痛），他也得到了。「然而一正一負的兩件事同時壓縮著、撞擊著我的內心，特別發生在一個三十多歲，正想鵬程萬里，對未來的生命充滿著期待想像的時候，我覺得頓失了依靠。如果這次手術不幸沒有成功，我死了，其實也沒有什麼太奇怪。」他說。

經過術後休養，吳清友十二月五日終於回到家。離魂歷劫歸來，他坐在院子裡，沐浴在一片和煦陽光裡，深冬的味道與氣息明白地籠罩著陽明山。光是坐在陽光下，他就充溢著迴旋般的喜悅。他幽緩吐息，品嘗著每一分每一秒黃金般的時光。

紗帽山依舊靜立，依偎在山巒之間的淡淡雲霧，若有似無，教他凝望久久。

「以前我怎麼沒有想到過，每一回的呼吸就是生命在示現一次奇蹟。」他深呼吸一口氣，感到生命重新開始，他不知道除了意識著自己還活著這件事，還有什麼可以冀求？

自從服了上天的「一帖藥」之後，吳清友回頭重看，才猛然覺得，之前三十多年幾乎都白過了，「以前理所當然地認爲，我一定有明天，我一定有未來，我這一生至少能活到七十歲、八十歲。經歷過這次大手術，我覺醒了。」

有了陽光與藍天的祝福，他覺得可以走下去了，思索著以自己的方式訴說生命之愛。他胸臆間浮盪著好多感受，生命有限，時間不允許他等，如同卡謬所說：「舔嚐生命，彷彿舔嚐一根麥牙糖，造就它，塑造它，然後全心全意地愛它。」

無可否認，人都關心自己的命運，但要在有生之年，不要在死後。只是這時候他還不明白，之後也要等一些時日才會意識到，他生命中失去的，並不只是強韌的心血管而已……。

第十三章

誠品，究竟所爲何來？

德國存在主義哲學家尼采說，如果我們對於人生「爲何活」成竹在胸，所有的「如何活」也就不足爲慮了。要覺悟自己爲何而活，並不是一件容易的事，而人總是高估自己，只有當人在赤貧、重病或極度孤獨的「界限狀況」時，逼進存在死角之際，才會時時刻刻意識著自己的有限性，開啟追尋自身存在意義的契機。

吳清友死過一回，心情翻轉，感覺自己變成一張白紙，他不羞赧也不驕傲，渴望著能夠被什麼書寫、被什麼填滿，「我相信人的本能是奧妙的，擠壓到你走投無路之時，反而讓你本能爆發，有時候是一種創造力的來源，煩惱即菩提，苦難生智慧。鐵不煉，如何變刀？人不煉，如何能成器？」

大病初癒，吳清友不僅沒有爲養身活命而停下腳步，反而更急切要實踐心中的理想。他不放棄籌備中的書店，理出事業的邏輯：先擬出「理念」，再思考「模式」，找到實踐的可能性。

台灣解嚴、股市高點、雲門歇演、我的挫敗

吳清友說：「我生命裡至關重要的有兩件事：病痛是老天賜給的，而誠品是我自己選擇的。」

誠品，究竟所爲而來？

八〇年代末期，台灣嘗到了經濟發達的果實。物質富裕了，人心卻空虛、精神騷動。同一時間，黨外勢力逐漸壯大，自由民主的改革熱望一股腦兒大噴發，壓力鍋裡蒸騰翻湧的台灣社會，已經到了非變不可的邊緣。

一九八七年台灣終於解嚴，開放大陸探親，台灣知識圈彷彿共同經歷了一場「精神的核爆」，每一個人急欲衝破思考箝制，追求精神自由、自我主張與認同。一九八八年一月蔣經國逝世，李登輝以副總統身分繼任總統。

這一年，股市興隆暴漲，原本文人雅士聚集的明星咖啡廳，因股票族占據所有桌子，作家無位可坐，加上老闆年邁而黯然關門。台灣經濟起飛，但文化素養卻未因此而提升。而更壞的消息是，林懷民以「大環境未見改善、心力交瘁」爲由，宣告暫停「雲門舞集」。將來會不會再復團？沒有人知道，連林懷民也不知道。

一九八九年更是歷史上前所未有的大動盪的一年。先是春末夏初，北京發生了令世人震驚的「六四天安門事件」；幾個月後，柏林圍牆一夜間被推倒，蘇聯共產鐵幕一一瓦解。歷史走到一個非變不可的門檻，無法回頭。台灣在這一年股市卻創下二十七年來的紀錄，衝破萬點。證券商開香檳慶祝，鞭炮聲夾道亂響，開啟九〇年代前半，台灣錢淹腳目的浮華年代。也是這一年，初秋，由侯孝賢執導、描述二二八事件的電影「悲情城市」獲得威尼斯影展最高榮譽金獅獎。

誠品元年，傳奇由此開始

這是一個多麼傷感、欣榮、充滿能量又集體顛狂的時代！股票歷史高點之時，雲門舞集卻宣布暫停公演，令吳清友內心感到挫敗。在這樣外熱內冷的氛圍之下，歷經九個月的籌備，一九八九年三月十二日，「誠品」終於在仁愛路圓環開幕了。

吳清友與林懷民同樣是二戰後出生的「光復子」。那個年代出生的台灣人，大都懷有一種莫名的使命感，吳清友說：「誠品當年的成立其實正深受林懷民的影響。我們不能示弱，必須心有所圖，即便現實滿布波折與殘酷，人生必須不斷精進。」這個信念是吳清友至今挺立不屈的身後骨。

吳清友在開幕當天的致詞稿寫下：

誠品書店終於在祥和、溫馨與大家的祝福下誕生。這個新生命雖已認清方向，但才要開始耕耘。我們希望一本書、一句格言、一首名曲、一個新的思想剖面、一件藝術創作品、一棟感人的建築與空間皆能產生一份靈動力，豐富大家的精神與心靈。

誠品元年肇啟，傳奇由此開始。多年前，他在夏威夷海灘散步，祈願「用自己的品牌，說自己的故事」終於初步實踐。

「誠」是一份誠懇的心意，一份執著的關懷。

「品」是一份專業的素養，一份嚴謹的選擇。

誠品，就是吳清友內心重生之光，是他生命的探索和創作。書店英文名取自法文「éslite」（菁英），期待每位讀者透過閱讀，挖掘自我生命中最精采的獨特光芒。

林懷民是這麼評價吳清友的：「他在股票市場最好的時候，現金滿滿卻沒去炒股撈錢，而是『頭殼空空』跑去開一家注定會賠錢的書店。重點是，在大家都還不認識吳清友是誰的時候，他做了一件改變自己一生、同時也改變華人社會文化的一個重大的決定！」

善、愛、美

誠品成立之前，重生的吳清友，靜心反思自己的生命：「到底對我而言什麼是最重要的價值？」他開始試圖做一些生命功課的初級整理，他思索出「善、愛、美」應是人存在的共同價值與希望。

吳清友說：「我不是哲學家，善、愛、美三個字，並不是哲學觀念，也不是書本讀來的概念標語，而是純粹來自於我生活的眞實體驗。」他曾見一個祖母，手牽孫子過馬路。一老一幼，那呵護、那信賴，祖母叮嚀孫子小心翼翼，那畫面是美的，是善亦是充滿愛的。無疑這是童年的他與阿媽感情的投射。他認爲，善，率先具體展現爲人倫的善，而人倫的善，進一步衍生了愛，善與愛融合成爲美。

誠品，作爲一種理想，希望透過書店，把善和愛轉化爲人文；把美提升爲藝術，吳清友同時期許每個人的生命不斷可以精進，以創意的方式融入生活。他因此總括性地提出了：「善、愛、美；人文、藝術、創意、融入生活，最終展現爲文化。」作爲基本理念，這便是誠品的緣起。而誠品一成立的時候就是誠品書店、誠品畫廊、誠品藝文空間「三位一體」。

吳清友一再強調，「誠品先有理念，才去建構讓理念得以落實的模式。」他在生命困頓的時候，一直希望能夠把生命的價值融入在事業的理念，尋找事業跟生命的最大的交集，他自剖：「誠品書店，與其說是做一門生意，不如說是做一個道場來探索、學習和了解生命，因此經營事業就是經營生命。」由理念推衍到模式，再落實爲具體的事業，這整個歷程幾乎窮盡了吳清友後半輩子，幾經探索才趨近他心目中理想的雛型。

無所沾滯、無所罣困、勇往直前

弘一大師在他三十九歲那年出家；很巧的，吳清友也是在三十九歲這年開書店，共同之處都在「追求一個自覺生命的完成」，他內心感到那麼地大無畏，無所沾滯、無所罣困、勇往直前。

四十歲之後，吳清友人生的下半場，就是爲誠品而活。誠品是他的作品，甜蜜或苦澀都該由自己承擔了，他甘心無悔。

吳清友第一次生病時，開刀前一晚，他忽然有感而發對洪肅賢說：「如果我這一次可以救得起來，一定一定要花很多時間來好好陪你們。」對於家人與妻子長年的忽略，他似乎內心懺悔。但是，他的病一好，又全心投入誠品的經營，不僅忘了這句，還追加另一句：「人生太無常，能夠做要趕快做，做到不能做再說。」

一切源自於書

為什麼是書店，而不是其他？

吳清友對閱讀有根本的信仰、頌讚閱讀的美好，所以，誠品不把書當成純粹的商品來看待。在他的價值觀裡，書，終究來講，是作者的靈魂、靈魂的糧食，是赫塞說的「人類最偉大的創作結晶」。

同樣以書為出發點，誠品，更強調個性氣質、生活想像、人文感知，甚至更哲學一點的——靈魂的甦醒。吳清友說，書，是極獨特的商品，它本質上與其他消費產品不同。首先，書本是出版社統一定價，通俗一點來說，就是台灣人形容的「死豬仔價」，書店無法、也不能自行定價。因而，一本書並不會因為書店裝潢、服務、便利齊全，就擅自提高售價，或向客人收取額外費用。而同一杯咖啡，卻可以依不同店家調整售價。

書，不僅不能調高定價，而且現在幾乎沒有書是不打折的。他明白點出，書不是只有拿「價格」來當成競爭的唯一利器，「閱讀的價值絕對超越書本售價的高低，而且永遠不要低估書與讀者之間撞擊出的可觀能量。」他依循自己親身經驗，一本書，讀者將從中讀到什麼，往往超乎想像。即使買回去沒有看完，擺在書桌上或書架上，那書名與書封便微微映照著你的內心想望，某一種情感、某一帖記憶、某一派主張、或某一片心緒。

閱讀的功德

吳清友說：「閱讀最大的功德在於創造一種情境，誘發人去思考與想像。」他援引佛教觀點，將人的活動概分爲「內部活動」與「外部活動」。內部活動涵括人的情感、意志、心思等等的運作及變化；而外部活動則指涉人類所有從事一切外顯的行爲與舉止等。他認爲，「書，涵蓋生命所有外部活動和內部活動。今天人類所能觸及的一切議題，幾乎都可以在不同的書本裡看到、讀到、學到。」他讚嘆著：「閱讀如生命，無量又無邊！」

現實充滿煩惱苦悶與煎熬，閱讀，讓人暫時抽離出來，得到片刻的移轉或紓解。吳清友說：「閱讀，是思索最爲有效的觸媒。」人，只有在閱讀之際，心靈才可以從各種工具關係的束縛中解放出來，重新做自己的主人。

他體會到，閱讀不一定會幫你更精明，賺更多錢，但閱讀是生命裡的必要，在教育如此普及的現在，閱讀其實是一個最方便、代價最低、最能普及、最眾生平等的一把鑰匙，讓人們內心有一種永恆的依靠。

表面上說的是讀「書」，更深刻的意思是讀「己」。

做自己的主人

人應該爲自己的生命尋找定義。即使定義會變，但無論如何，一個人有思索習慣，便會愛上閱讀。吳清友說：「一個人因書本的啟發對自己產生更深的理解、在關鍵時刻做了不同的抉擇，這些比從書本上得到什麼知識更爲重要。終歸來說，個體生命重於一切，而不在於書本身。」

從中年危機，尋找生命答案，到創辦誠品，直至吳清友歲暮的晚年，他始終堅信：「即便書店可能沒落，但是閱讀卻永不能失落。」一切源自於書，啟迪於書，豐饒於書，自始至終沒有改變！

二〇一五年開始，誠品與各出版社合作，推出了經典共讀計畫，規劃在三年內推出五百本的「經典閱讀」，吳清友特別在推薦這些經典時寫下：

我在青壯年正想鵬程萬里的時候讀，
我在經營誠品虧損不堪的年代讀，
我也在病痛苦悶的時光中讀，
閱讀是永恆的，閱讀是私密的，
是不同生命情境時刻的心靈知音。

第三部 旅程

第十四章

臨淵而慄

有人情味的水，別有滋味。

從第一家誠品，吳清友便提及誠品的核心觀念——「款待」。說到「款待」時，他以台語發音，帶著台灣南部特有的憨厚熱情「人客來，阮來好好款待」。沒有預設目的的款待，一如台灣早年鄉間到處都有人的「奉茶」——每天不求回報地燒水泡茶，放到離家幾百公尺的茶几板凳上，讓過路的人可以喝。

他希望誠品以美學的氛圍，從空間、從建築、從藝術……來款待書、款待人、款待自己。如同他年輕時走訪的大仙寺，在那種情境跟空間裡，無形中覺得自己被款待了。

爲了打造誠品獨特的風格，吳清友甚至不計成本要求建材、裝潢品質必須具備五星級飯店之水準，內斂低調而富含品味。他的想法是，如果連ＫＴＶ、理容院這些娛樂場所都鋪上大理石、裝上水晶燈，燈火燦然、金碧輝煌，他反問：「難道關乎靈魂的書、書店、畫廊，不值得我們這樣慎重對待？」

空間的靈視能力

吳清友自年輕便十分信服的美國建築大師菲利普・強生（Philip Johnson）名言：

「最好的建築作品是有靈的，精神寓居於其中。」從第一家誠品開始，吳清友便希望藉由誠品這樣的空間，激盪出善愛美的共振，塑造一種正向的氣場，「空間，與人一樣，是神妙的，本身蘊藏著精神與氣息，每個時間點，都有不同表情。人與空間，創造出一種親密緊緻的關係。即便沒有覺察，人在不同的空間，心境與感受往往不同。」他將空間擬人化，空間是知己，是旅伴、是庇護者，可以默默對坐不發一語的傾聽，也可以讓人自在優遊流動如水。

吳清友有強大的空間「靈視」能力，似乎可以透視未來時空景深，感受其蘊涵的生命力。他巡視一項大計畫的施工，踏入陰暗無燈的工地，設計師攤開圖，忙著用雷射筆解說。當雷射紅點都還沒有抵達對面陰暗牆面時，他已說出「這條中軸線長一百公尺」。

轉入小劇院，他瞄了階梯，目測寬幅是一百二十公分，實地彎腰一量，準確無誤。站在書店入口，他退幾步看了看，嚴肅的他，倒是笑了出來，「這幾扇門框的橫直比例，跟王大閎先生的私宅一模一樣。」且看且走，露出讚賞表情。

說來奇特，吳家並不是書香門弟，勞動的生活中也似乎沒有審美藝術的土壤，吳清友卻以精湛的眼光收藏很多藝術品及畫作。畫家江賢二說：「吳清友有很強的直觀能力，可以看到藝術裡最上乘的精髓。」這也難怪，日後他走入荒煙蔓草的松山菸廠廢墟，在水泉汩流、密林掩映的巴洛克花園中，便可以透視這裡需要一座結合人文、自然與創意的基地，最終實現爲今日之誠品生活松菸店。

經營困境

誠品成立之後，吳清友一直面對著經營上的艱困。他寬慰自己：「我存心與人爲善，若成功則可與大家分享，若是失敗，也無怨尤。」原本他準備可以賠五到八年的小本錢，沒想到卻走向漫長幽深、不知所終的賠錢十五年。

雖然一路賠著錢，可是誠品展店速度不減反增，十年間設立了三十九家新店。世紀之交千禧年更創下一口氣展店十一家的空前紀錄，深入台灣中、南部。

九〇年代可是「台灣錢淹腳目」歌舞昇平的黃金年代，在這樣飽暖流金的大環境裡，吳清友卻在誠品十週年的茶會上調侃自己說：「十年來，我還是住在同一間房子，開著同一部車，穿著同樣的白襯衫與卡其褲，晚上加班後，同樣在大直路邊吃米粉湯。」有回吳清友發現家裡多了誠品的信封袋，對太太很生氣：「妳怎麼把公司的信封拿回家？」後來才知道那是印壞棄置的，洪肅賢出於節省，覺得整疊丟了可惜才撿回家。

誠品畫廊開幕第一年不賣畫，基本沒有任何營利性質，吳清友是以收藏、鼓勵藝術家的心情來開畫廊的。後來加入畫廊的總監趙琍好心勸老闆：「畫廊還是要做生意，不是只要收藏，畢竟我們又不是美術館。」

勸他「適可而止」

開了兩三家書店之後，誠品一直虧本。吳清友憋著一口氣撐著，理想與現實要達到什麼程度的平衡才能長久？他自問：「或許能力不好，或許財力不夠，但我從來沒有懷疑過誠品的理念。只是理念不能當飯吃，長期損益表上紅得無法救治的數字，教身邊親近的人都感到心驚膽跳。不斷燒錢之下，台灣話說的『吊鼎』（把鍋子掛起來，無飯菜可煮，形容生計困難），店在開，其實家裡的米缸早就空了。」

剛開始，誠品小做還好，吳寅卯對吳清友深表贊同，等到虧了五、六年，老人家開始擔心了，勸兒子說：「不要做得這麼大，太辛苦了。」後來，看到他依然故我，兩位老人家私下向吳清河講：「恁嘛愛苦勸一下清友，教伊適可而止！」

但吳清河觀察吳清友有十足的規畫，什麼時間點誠品要變化成什麼樣子，都規劃得清楚詳盡，根本沒有適可而止的跡象。他為弟弟講話，「老實說，開書店並不是以賺錢爲主要目的，否則那是頭殼歹去，根本不應該去做的事。」

負責誠建業務的小弟吳明都說，一開始也沒有想到書店會做得那麼大，最後還把之前誠建賺來的錢，都塡進誠品的深淵，「結果，我哥擔心錢，我們擔心我哥的身體。賠到最後，我老爸愈來愈擔心，我們又開始擔心我爸的擔心，唉……」他搖著頭苦笑。

展店最高峰時期，全台共有五十多家誠品書店，但這也是吳清友財務負擔最沉重的時候。爲了塡補錢坑，吳清友先賣房子、再一塊一塊賣掉陽明山的土地，幾乎手邊值錢的東西都丟進誠品去了。不夠，再向親人紓困，外加龐大的銀行貸款。

他的好朋友江秋喇嘛曾對他說：「假使你是爲自己，那麼你就隨緣，但如果是爲眾生，你就要竭力而爲。」他果眞撒盡千金，亦奉行不二。

從一九九六到二〇〇二年，總計誠品的新舊股東現金增資達二十二億五千萬元。公司賠錢，吳清友仍理直氣壯地向銀行借錢，他眞心認爲能一起參與這麼重要的事業，意義非凡。這一方面固然是他心境樂觀，另一方面則是價值觀使然，他說：「銀行的錢是別人暫存的，等於是社會共有的資源。我借這些資源不是私心侵占，而是做利益眾生的事情。假使你是銀行家，應該要有眼光投資誠品，與其借錢給人炒地皮，借給誠品是不是比較有價值？」他借錢的身段可以彎得比河邊的蘆葦還要柔軟，但意志卻堅韌異常。

沒有成功的前例可循

但現實是殘酷的，在誠品最低潮的時候，連辦個尾牙，在股東會議裡，都被股東拿著麥克風當場揶揄：「在我印象中只有賺錢的事業才有尾牙，不知道誠品怎麼敢花這個錢？」

吳清友說：「這些年，我聽過很多質疑、責難的聲音，然而身邊的同事沒有懷疑過我，甚至願意出面融資，解決財務危機。」當年負責資金調度的財務經理沈玉華，是誠品草創員工之一，某年過年，她寫一封信給老闆，說自己最大的願望是買的彩券可以中頭彩，這樣就有鉅款可以拿來救誠品。這件事教吳清友畢生感念。

三哥吳清河在早期誠品最艱難的時候，也將自己的公司股票質押給老闆兌現，再向其他高階同事借錢，還把自己的房子拿去抵押，投了上億元資金給誠品。他的老闆私下擔心地問：「汝按那甘好?!」吳明都也給哥哥作保。吳清友的貸款最高時曾逾十億之多，兄弟們對吳清友不是不曾懷疑，卻也同樣義無反顧支持下去。

依吳清友過去的經營歷練，誠品書店的模式沒有前例可循，放眼相似業態，也都不保證一定成功。但奇特的是，吳清友從未感到誠品危脆難救。可是他轉念又想，一個成功的商業模式怎麼會賠錢？而且一賠就是十五年？

他自我詰辯：這意味著主事者沒有經營能耐？或這並非最佳營運模式？或更極端一點自疑，這種模式根本就錯了？

有一年，吳清友受邀於台大管理學院演講，教授要學生以誠品的經營做一個案例討論。他甫上台便自我解嘲：「誠品賠錢十五年，從企業經營的角度看，其實老早就『被當了』，應該說，我根本沒有資格站在這裡說話。」

經營誠品之前，他理所當然認爲，錢，不會是他生命中的風險；經營誠品之後，吳清友的身心靈都受到無法想像的折磨。但他又很阿Q的想，「這件事如果我不做，誰來做？」對比以前的愜意生活，他說那眞是「一個人生，兩個世界」。但洪肅賢沒有見他悲觀或打退堂鼓的時候，「他心地很好，很善良。他這個人的優點，就是傻傻的往前衝就是了。」這也是她對他最尊敬之處。

白目的丈夫，憂慮的妻子

站在崇高的目標之前，吳清友顯得義無反顧。誠品就如同他心中的明月，高掛在天，美好皎潔，但對洪肅賢則是另一種現實。畢竟那是丈夫的理想，並不是她的，她面對的卻是月球背面的坑疤。

世貿店開幕當天，吳清友右邊站著父親吳寅卯，左側是前副總統謝東閔，最左邊的洪肅賢穿著時髦大方的黑白長褲套裝，一臉笑容共同參與剪綵儀式。剛開始三、五年，她還有參與各項活動，可是之後，吳清友不斷燒錢，虧損愈來愈嚴重，書店經營成了夫妻兩人衝突的導火線。吳清友發展很多計畫，不想讓她知道。她只好壓抑隱藏，但又無法不擔心，長久下來，內心積蘊著愈來愈多無法排遣的情緒。

每年每月每日的煎熬，洪肅賢發展出一種切割模式，她強裝冷淡、放遠，把自己幾乎封閉起來，好讓自己可以保全。因爲如果她也一樣狂熱的話，前面二十多年不但沒有辦法過日子，甚至會焚毀。她處在一個又擔心、又關心、又揪心的狀態，可是又好強不願意多問，只能常察言觀色。因此她的內心大部分是不安驚恐的。

一心往前衝、有點大男人的吳清友，其實不會懂得一個女人家心裡的千迴百轉。洪肅賢幾次感嘆：「這輩子我看到的，總是他的背影。」她懷念吳清友經營誠建乃至創辦誠品的前幾年，她還有受邀一起剪綵，參與公司活動。對她來說，那是一種分享的過程，她因爲共同參與、分擔而感到意義不同。之後，就連安排行程的祕書也感到，愈來愈少需要安排吳太太出席的機會與場合了。

對一個妻子而言，先生把所有家產都砸到一個看不到未來的事業，家人都爲他的理想犧牲了。有時她向先生抗議，提出自己的擔心，吳清友卻說：「這些錢這樣莫名其妙地跟著我們，也不是我們的，是社會公眾的，要用在最好的地方。」或儼然目空一切，振振有辭地說：「我們本來就什麼都沒有啊，爲什麼現在要去執著？」

吳清友對數字精明，對自己的妻子卻常有「白目」的狀況，說好要給的錢，會忘了沒給，或因爲有急用又借回來。或說好某幅畫要送她，結果又拿去賣。他的承諾，往往抵不過公司一個波折，或一次緊急事件。她對於先生的長期忽略，並不是很諒解，最後只能想辦法自力更生。她甚至不願出國玩，除了擔心丈夫的身體之外，還顧慮到「我先生都跟人家借錢了，我還好意思出國去玩？」

有時她感到壓力龐大，向喇嘛略提兩句，師父卻只說：「阿姨，他是很好的人。」連她自己的母親也勸她：「伊也不係拿去吃喝嫖賭啊，又擱那麼認眞工作……。」

內心懸梁

婚姻生活或許本來就是寂寥的，夫妻倆在事業上逐漸形同陌路，吳清友向妻子隱瞞不可探知的、深不見底的財務黑洞；而洪肅賢日日面對深鎖不宣的窒息感，夜裡教她頻頻在內心裡懸梁。

這虧損的十五年內，家裡很多事情吳清友都不知情。

女兒吳旻潔小學畢業那年夏天，她剛結束一個營隊，歡天喜地回家。打開門之後，家裡黑漆漆、靜悄悄的。她以為家裡沒有人，走上二樓，暮色中，看到洪肅賢獨坐佛堂，不發一語，一臉淒然。

她嚇一跳：「媽，妳在家啊？天都黑了，妳怎麼不開燈？」她把燈打亮，發現母親整個人非常沮喪。媽媽無氣無脈的招了手，「妳回來了，過來坐在我旁邊。啊，你們都還這樣小，但是我覺得生命眞的沒有什麼意思。」她心事萬重，「爸爸不管你們，但媽媽都幫你們想好了。我買好保險，等妳到三十歲可以領……，哥哥三十幾歲可以領……，等到了四十歲時你們可以領……媽媽會照顧你們。」

媽媽的這番話把她嚇到了，她不知道媽媽想做什麼，但直覺應該出現過極端的想法。吳清友以前的祕書胡媛說過，燈塔照亮了遠方，但燈塔周圍卻是最暗的地方，那些近在身邊的人可能會覺得比較寒冷。洪肅賢就在這個位置上，因此當大家都在稱讚這座燈塔時，只有她懂得燈塔下的陰暗寒冷。

有一天，吳旻潔開口向爸爸要每個月固定的零用錢，吳清友口氣不耐煩回「今嘛麥講這，稍等再講啦！」其實，那正是誠品賠錢到底的時候。但吳旻潔自尊心強，感到無比受傷。她奔回房，關上門，下定決心「我再也不要開口向你要錢了！」大三開始，她兼了很多英文家教，洪肅賢還以爲她是想要表現獨立，多年後才知原委。

後來，她準備赴英國攻讀廣電新聞碩士之前，拿了一些長輩的紅包和私房錢，跟媽媽一同到台北後火車站，華陰街與太原路附近的藝品店家，批一些台灣藍染布料、民族風的衣裳、小飾品、絲襪等，扛了兩大皮箱到英國。利用假日的創意市集，擺攤賺錢。留學期間，吳清友因身體不適合長距離飛行，吳清河正好去英國出差，特別趕赴雪菲爾德大學（University of Sheffield）看她，吳清河說：「我看了之後實在是心疼又感動，Mercy⑩一條麵包可以啃兩、三天，生活非常節儉。」

斥退恐嚇電話

洪肅賢自以爲切割，但心心念念的又都是這個家，根本從來沒有眞的放下、釋懷。實際上，她才是家裡的火車頭。

剛搬到陽明山不久，快要過年前幾天，他們回家之後，發現有一面窗戶遭人砸破，雖然沒有什麼損失，但也教人蒙生陰影。後來換裝了強化玻璃，並申請保全系統。不久後，有一天，吳宅電話響起，吳清友接起問：「喂，（未答話）呃你誰郎？」不詳的聲音冷道：「我知道你們姓吳，住在○○路○號，快交出○○萬，否則對你們很不利噢，還有，不能報警！」

接到恐嚇電話後，吳清友和洪肅賢緊張地在電話旁商討對策，兩個孩子也在一旁圍觀。沒過多久，電話又響了，鈴－鈴－鈴－，全家人盯著電話僵住了。大家猶豫觀望了好久，不知如何是好。此時，吳清友看太太一眼，示意「妳接」。洪肅賢深呼吸一口氣，表現出一副「我沒在怕」的表情，豪氣地拿起電話筒。她不等對方威嚇，就火力全開嗆道：「——汝有啥咪代誌？嘜黑白亂來！……汝做我係三歲囝仔喔？我嘸尬汝信道嘞！哼，勿免！」說完俐落地「啪」一聲掛掉電話，十足巾幗豪傑神色。全場眾人相互對看，面面相覷，大氣都不敢喘一口。之後恐嚇電話就此告結。

絕望之人之所以留下，是因爲愛

吳清友三十八歲大劫，妻子多方看顧，加上虔誠信仰的力量，助他撐過生命大

⑩ 吳旻潔的英文名字。

關。她將佛法接引至吳家，成爲他們的穩定力量；洪肅賢可能自己都沒有感覺到，她可說是吳清友的終極靠山、隱形的力量。吳旻潔說：「別人或許不懂，但是我百分之百確定，如果沒有我媽，我眞的覺得老闆沒有那種底氣，可以撐過人生一道又一道的關卡。」

這底氣意義有兩層次，一指生活面上的照顧，子女教養、家族感情，到連結佛法……她都是他能量上的來源；另一層底氣，觸及的是不可見的命運，如果不是洪肅賢孤獨而又強韌地撐著，吳清友不可能全無後顧之憂地去嘗試那些無比艱難的事。他們兩人好比某種宿命的連結，像一朵花得扎根在土裡，泥土之於花具有滋養互補的必要性，洪肅賢就是吳清友的土壤，給他充足堅實的安定感，但泥土享受不到花的芬芳。

洪肅賢早就體認到，愛情到最後，化成了義氣、義務、承擔，她毫不猶豫地撐起這個家，如果不是爲了兩個孩子，何所眷戀？然而，絕望之人之所以留下，終歸是因爲愛。

多年以後，有一回她們母女兩人恬淡閒坐談心，洪肅賢對女兒說：「妳爸爸若非如此瘋狂，誠品沒有今天的局面；而我若非佛法的支持，走不到今天和妳這樣一起喝茶。」

1 | 吳清友三十八歲大劫，妻子洪肅賢多方看顧，她可說是吳清友的終極靠山、隱形的力量。

2 | 吳清友對數字精明，對自己的妻子卻常有「白目」的狀況，說好要給的錢，會忘了給，或有急用又借回來。說好要送她的畫，結果又拿去賣。他的承諾，往往抵不過公司一個波折，或一次緊急事件。（這張卡片又是一次口頭恩惠、純心意的表現。）

1
2

1 | 吳清友有強大的空間靈視能力，似乎可以透視未來的時空景深，感受蘊含其中的生命力。

2 | 吳清友在香港太古店。展店最高峰期，全台共有五十多家誠品書店。好友江秋喇嘛曾對他說：「假使你是爲自己，那麼就隨緣，但如果是爲眾生，你就要竭力而爲。」他果然撒盡千金，奉行不二。

1
2

第十五章

心臓崩壊

誠品黑暗苦撐的那幾年，各方挑戰接踵而來。先是九二一大地震重創台灣經濟，緊接著二〇〇一年九月，納莉風災來襲，誠品敦南、台北車站等店幾乎全數「泡湯」，損失慘重。誠品一度面臨跳票危機，最後吳清友以信用擔保，獲得銀行諒解而展延驚險過關。

那幾年，政府開放銀行整併籌設。誠品與各別銀行都有借貸限額，但整併後額度遭限縮，無形中綁死了誠品的金流。吳清友一方面要打呆帳，一方面又要現金增資，但愈是增資，股東看不到獲利的可能，他受到的內部批評就愈大。

吳清友像是鞭策自己，又像是對自己信心喊話：「誠品如果失敗的話，所有人都會認為書店這門生意是不能做的，以後就沒有人會開書店了。」

當公司最困難時，連幾十萬、百萬，他都跑得很辛苦。吳清友被現實碾磨，他必須挺住一個寬大的胸膛，小心翼翼去護衛理念的火苗。壓力交疊之下，二〇〇一年他身體承受不了，第二度緊急送醫。

在醫院裡覺醒

一天深夜，正當吳清友準備就寢時，後背深處傳來一陣無法形容的痛。不願承認，但不得不意識到心臟又發生狀況了。

吳家斜對面就是消防隊，救護車剛好待命在旁。在家人的協助下，他被火速送到新光醫院，他的救命恩人洪啟仁恰巧時任新光醫院院長。檢查之後，確定主動脈正在剝離。經驗豐富的洪院長，和主治醫師林佳勳研究，決定用藥物取代外科手術。他們先以藥物降低血壓、減弱脈搏，讓內部的裂口自然結痂癒合。

這是一場與時間賽跑的競賽。爲強迫穩定休養，吳清友被迫躺在加護病房中，一待整整十七天，無法處理業務，不能見訪客，致虛守篤，形同閉關。出院後他有感而發寫下：「我這輩子最長的休假是在ＩＣＵ度過的，面對存在、面對生命、面對自己最深的探討，我們可以把病痛視為上天的恩賜，把它當作一個老師、一個朋友，透過疾病，這是一個人最寧靜、最坦誠、最深思的時刻。」

後來他公開演講的很多想法與領悟，大部分是這段期間省思來的，「我在病房待得時間很久，很多思緒、很多反省。我最清楚的感覺是沒有懼怕。我想，人最深的覺醒不是在寺廟或教堂，恐怕是在醫院裡。所謂苦難生智慧，煩惱即菩提，於我眞實不虛。」

出院之後，他跟好友「雲門舞集」藝術總監林懷民吃飯，對他說：「我對這場病覺得很滿意，認眞想一想，上天已經給我兩次 bonus。因爲我的心臟病，兩次都曾經很危險，要走就走了；如果還留在世上，還有機會享受生之喜悅，那可能是上天認爲我的人生功課還沒修完，我還得做事。」

然而，對洪肅賢來說，卻無法像吳清友在大病一場之後還說「很滿意」，而且還要加緊腳步做事。她眞心覺得自己的丈夫終日忙成這樣，忙到最後什麼都沒有，好可憐；甚至接連身體又再度搞垮，也好可憐。她在擔憂和矛盾中，充滿深深的無奈與氣惱。

用情太深、太執著

回到公司經營上，吳清友的種種堅持，從做生意的角度來看卻可能是一種「盲點」。最慘的時候，誠品有位股東提醒他：「吳清友你不要再執迷不悟了！有些書店明明賠錢，看不到未來，爲什麼不關？」

事後，他自剖，之所以如此「執迷不悟」，一方面認爲誠品開在一個地點本身就有意義，因此仍想努力改善營運，救亡圖存。他想：「這些青少年來看書，即使不買，也總比去吸毒或飆車要好吧？書店如果關掉，那小孩子要讀什麼？」

另一方面涉及他無法表明的情感因素，每家店都是嘔心瀝血打造的，「好像自己好不容易生了孩子，父母再怎樣辛苦，也不會因缺錢，就將心肝寶貝拿去賣掉，對吧？」

可是這些內心話，他只能向家人朋友袒露，沒有勇氣向股東明言。其實，他也知道，股東並沒有錯，唯一的差異在於自己「用情太深」。股東要他「放下」並非惡意，而是一種提醒，幫助他認清現實。他盤點原因，書店之所以賠錢，可能真的開錯店、選錯地點、開錯型式……，這些其實都是人力、資金及庫存等種種資源的錯置。

既然錯置，就要調整。誠品在二〇〇一年後陸續認賠關了近二十家店，並將書櫃設備、人員重新盤點、利用，吳清友說：「我相信我也不是笨的人，如果要賺錢，不可能找不到方法。好在我們幸運，盲點得以破除，否則在破除盲點之前，誠品早就消失無存了。」

此時誠品總部已經搬遷到松德路巷內，吳清友經常壓力大到一個人晃到公司旁邊的松德公園，偷偷在那裡「喘大氣」。或在公園樹下，背著同事打電話籌錢。

有一回，誠品的票就要到期了，資金完全沒有進來，隔天只能面對跳票了。吳清友正在煩惱著，在家中走過來走過去，再走回來走回去。過了好一會兒，他看太太準備睡覺了，忍不住對她說：「阿洪啊，我很羨慕妳，這時候妳怎麼睡得著？」洪肅賢看他一眼，沒好氣地說：「如果現在不睡，明天怎麼有力氣面對事情？」

歷經ＩＣＵ長假之後，吳清友再怎麼樂觀，仍會想到自己有什麼萬一，必須爲誠品預做設想。他甚至列出心中理想的接手人選及條件，寫了一些名單，一度考慮要把誠品轉手。

說到「轉手」，吳清友頓了一下，都堅持了十三年，談到敏感的問題，他顯得吞吐遲疑，「……不光是賠錢，我還有非常多憂心，很多牽腸掛肚、很多惦念、很多無奈。我被部分股東誤會，母親的身體也不好，我總有一種無法喘過氣的感覺……」他緩緩說：「這一年，我一共哭了四次。」

吳清友過去在人前從不示弱，哭更是一次都沒聽說，何況「四次」！

有次，他被某家跨國企業負責人恭維誠品做得很成功，足堪台灣之文化地標等等。他聽了之後，未露半點喜色，卻一反常態說：「這輩子當老闆的，都是不曉得上輩子造了什麼業？」像是在叩問又似嘆息。

私密的「幸福加油站」

未改裝前的敦南誠品二樓咖啡店，面向書店出入口，有一張類似吧台的長桌。吳清友若心情不好，便會來到這裡，坐下來，看著進出書店的人們出神。他見讀者們滿足的笑容，輕快的步履，竟而油然生出一種「值得」之感。他的安慰來自讀者笑容的迴射，因而感到同樣被賜福了。

這個小小天地，就是他私密命名的「幸福加油站」。

吳清友深信，人沒有道理失去希望，失去希望甚至是一種罪惡，「其實那時候，我大概都是在自我安慰。畢竟大部分來逛書店的人，大抵是對生命認眞、猶有期盼的朋友，他們的容顏，彷彿繼續鼓舞著我，讓我認爲自己所做的事，是正確的。每當心情不好的時候，我便喜歡到這裡。」

那幾年，如果到敦南誠品，很大機率會看到二樓咖啡廳長桌最左邊的位子上，端坐一位長者，全身白衣、白頭髮、黑眼鏡，嚴肅而近乎悲愴的臉，像被蠟封住一般，寬大的肩膀壓著無形的千斤萬擔似的，眼神盯著前方，整個人放空，維持一種「入定」的姿勢。

然而愈是辛苦，他愈盡一切辦法求生存，積極對誠品進行一連串體質調改。除了持續跟銀行貸款外，花了幾年時間處理呆帳存貨、供應鏈風險管理、關店認賠、增加現金流還款能力，調整經營品質，同時又建置物流中心、網路書店等。

幾次遇到內外在環境的危難時，吳清友與同事開會，深刻感到那種「同舟共濟」的心情。同仁甚至自動降薪、減薪，陪誠品度過難關。那段時間令吳清友百感交集，幾度紅了眼眶，「誠品書店曾經是我賠錢的所在，有一天卻也成爲鼓舞我心靈的所在。」同事之間相互扶持的正向能量，也回過頭來鼓舞了他，代表他在這條路上並不孤獨，也成爲他最重要的信心來源。他說：「書店從來不是好生意，我們同仁自己昇華自己，彼此相互信賴、共同創作。今天誠品能存活，與我們的同仁有絕對的關係，這份情意，我至今深深珍惜著。」

只是想要自由

女兒從英國留學回來後，開始在英文報社工作，每天採訪寫作，但總覺得工作非興趣所在。吳清友在文化界影響力廣大，一直希望介紹他的朋友給她，她感到父親的影子無所不在，深感壓力。工作一段時間之後，她很迷惘，於是又興起再度留學的念頭，她說：「也不是眞心想念書，其實我根本不知道我自己眞正想要做什麼，就是想盡一切努力要逃開他和他的影響力。」

倉促申請到學校之後，吳旻潔跟吳清友約在敦南誠品咖啡館見面。一坐下來就巧遇建築師友人姚仁喜，他還說：「你們父女感情眞好，還一起喝咖啡啊！」

殊不知，她正抱著跟老爸攤牌的決心。

吳清友當時正處在經營誠品的低潮，吳旻潔感到這一天的老爸很安靜，籠罩在一種低抑的憂鬱中，她丟出已經申請到學校的震撼彈，準備好迎戰。吳清友聽了後淡淡地說：「好。可是妳要答應我一個條件——」她心想：「你們商人就是這樣，總是喜歡談條件。」她以為他即將質問「妳確定真的要出國？」或「再去讀冊敢好？」

但出乎意料的是，吳清友和緩地提出他的條件：「妳不必太用功念書，也不要擔心錢，就盡量去各地方旅行……」還特別強調：「人在三十歲之前，可以過些從容的生活，是很難得的。」

她本準備重拳反擊，卻打向軟綿綿的虛空。不知為何整個談話過程，吳清友一直滿淡然的，總是「是喔！」「好啊！」「可以呀！」「不錯啊！」甚至沒有問她要讀什麼。

原本做女兒的非常想逃離父母，逃離被安排、逃離所有熟悉的環境與人脈……。可是當她發現自己都安全了，得到的比預期的還要多，篤定卻感到心虛，「當妳要的東西全都得到時，妳可以全部都拿嗎？妳可以就這樣拿嗎？」她自問。

他們陷入一陣空洞的、無以為繼的沉默。她嘗試想轉換氣氛：「啊你嘞？公司最近怎麼樣？」

吳清友口氣索然，「啊，就一樣啊——」之後，她突然冒出一句連自己都沒有料到的話：「不然我去你公司試試看好了。」這完全不是她心中的劇本。更奇怪的是，吳清友也不驚訝，「可以啊！」劇情忽然來到一個很平靜的轉折，他也很平靜的接受。

第二天，吳清友發現女兒沒有改變主意，這件事才開始變成眞的了。

一場意外

洪肅賢曾經多次問女兒，要不要進公司幫爸爸的忙。吳清友倒是完全沒有給她任何壓力，父女倆甚至從不曾坐下談談未來的規劃，人生要走什麼路？

吳清友眞心要女兒自由地飛，他不強迫、不暗示、不建議、不安排。外人看來，似乎覺得吳清友要女兒接班的方法「很高竿」，其實完全是一樁意外。

二〇〇四年四月，吳旻潔進入誠品，以「特助」身分在吳清友身邊見習。在外人來看，或許是對父親辛勞的不捨，或對誠品使命的承擔。但，其實完全不是。她之後曾對父親剖析自己：「我覺得人好奇妙噢，你眞的要什麼，有時是在你眞的得到之後，才知道你其實不是要這個。我後來才發現我要的不是再出國，而是要『選擇』的自由。」

之前有那麼一次，吳旻潔在聽了父親描述誠品的經營狀況之後，一時熱血沸騰說想試著到誠品工作看看。可是當天早上她起床後，居然莫名感到胃痛頭昏、渾身不對勁。那天上午她蹲坐在佛堂的階梯上，打電話向老爸說不去了。她感受到父親的失望，「當時，我下決心以後絕不能再隨便開這種口，如果我下次承諾了，就一定要做到。」

這次，吳旻潔守住了諾言，也改變了她的人生走向。在誠品任職後十天，吳清友寫下一張感性卡片送她，「但請隨緣、隨心、適性！」可以感覺他自己都還不太相信，也開始意識到接下去女兒是認眞的。

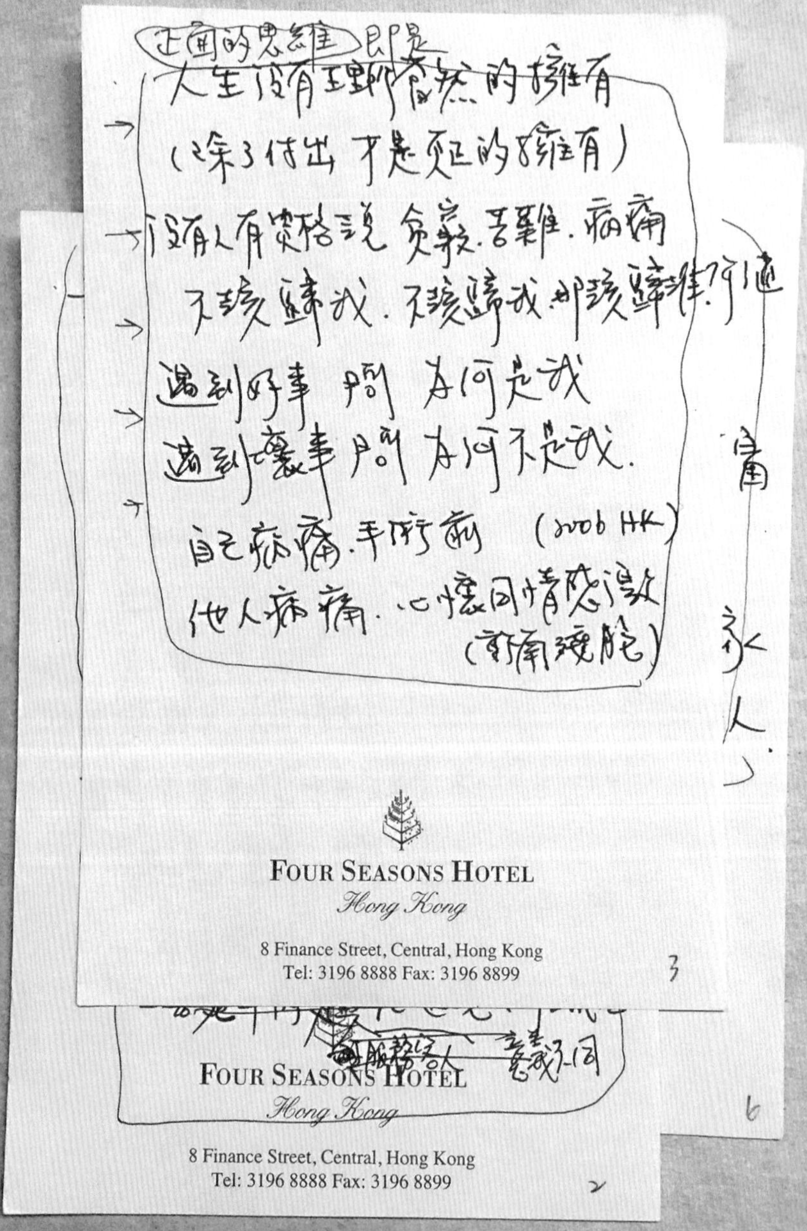

吳清友總睡得很晚，他很享受深夜獨處，或閱讀、或思考人生、或書寫、或規劃誠品的未來……，即便出差外宿旅館，仍廢寢沉思、筆記。

第十六章

火熱的執念

二〇〇四年後的這十年間，誠品幾次關鍵發展：從導入ＥＲＰ（企業資源規劃系統）、爭取信義店、推動松菸、香港與蘇州海外展店等大型計畫、乃至誠品與誠品生活分割及ＩＰＯ……。這些都是吳清友以統帥之姿強勢主導、勢在必行的變革，也是這些關鍵決策，塑造出今天的誠品風貌。

他向來在事業上具備高度的想像力與企圖心，像一枝射出的標槍，不斷向前直衝，而誠品便是他實踐最好的平台。一提到誠品，他的企圖與雄心全公司上下無人能擋、無人能敵。他對每項要推動的事，都賦予它們非做不可的意義。事實上，只要他想做一件事情，他會找到一百種理由說明它爲什麼應該做、爲什麼必須做。

盤踞內心的火熱執念

二〇〇五年在他的堅持下，誠品導入ＥＲＰ，成爲台灣第一家成功導入 SAP IS-Retail ERP 的零售業。之後幾年，出版社被要求由原本的賣斷改爲寄售，初期引發了一些批評聲浪，吳清友被部分出版文化人批評「大鯨魚欺負小蝦米」。但他挺過來了，事後證明這是健全上中下游營運模式的必須做法，一方面出版社可以清楚掌握書籍銷售實況，做出正確的對應與決策；另一方面，原本積屯在處理進退書的兩、三億資金，可以重新靈活運用。

唯偏執者能倖存，在困境中披荊斬棘、從無到有開創，教他亢奮。舵手與操槳的人，視野是完全不同的。近年來，誠品去日本調研，有機會展店。他每到一個地點，見景生情，腦海裡激發的想像又活躍起來，忍不住讚嘆：「這個地點是獨一無二的！」所有關於事業，他都率先看到事有可爲的一面，而非背後暗藏的艱難險蹊。

內部會議中，每當同仁對某項計畫略顯遲疑卻步，爲了摧毀團隊的軟弱，他會刻意這樣說：「啊，這個條件阮那做不到，誠品以後就沒有競爭力了，可以『收煞』（收攤）了。」

他從來就是直面困難，打死不退的。說到熱切處，他甚至「激勵」經營團隊：「唉，你們連這個險都不敢冒，誠品嘛係『嘸卡詛啦』（沒有用）！」

讀懂數字背後的細節

站在這樣巨大的強勢統帥一旁，初入公司的吳旻潔顯得好渺小。她對財務、公司營運完全一竅不通，進入誠品之後，雖然面對的是一連串翻天覆地的變革，但她一張白紙，沒有任何參考架構，根本無法判斷何謂艱難或何者簡單，「老闆⑪叫我做什麼我就做什麼。」吳清友對女兒也不是有計畫的栽培她，歸納當時她面對的主要工作，一是跟房東談判；二是向股東解釋；三是與銀行借錢，這些內容花了最多時間。

第一次，她一份「降租函」就寫了三天。找書找資料，問資深的同事，搞清楚店在哪裡？什麼地段？地價行情？當初怎麼租的？用什麼理由降租？降多少合理？她運用之前當記者的邏輯推理與寫作能力，花三天磨出一張「降租函」，再由吳清友的批示修改中，觀察到隱藏其中的對應思維。「對應的思維」很關鍵，對銀行怎麼講誠品？跟股東怎麼描述誠品？怎麼向房東提案？如何寫出合理動人的信函……她都在實作中慢慢學。

再比如，誠品參與「REITs（不動產證券化）」，擔任不動產管理機構，必須要擬管理條款，吳旻潔參考其他不動產管理機構的管理辦法，然後下筆試擬。原本這是制式規章，但她未完全按照制式寫法，而是按著記者的邏輯與文筆，把誠品的需求融進去，做一些調整。後來，某一大型不動產投資顧問公司的主管對她說：「Mercy，你們公司的不動產管理辦法，是我看過寫得最好的。」對方不知道那就是她寫的。用心被看見，給了她很大的鼓勵。

以前她根本不懂什麼叫損益表，什麼叫資產負債表，在吳清友的調教下，一點一點累積看數字的能力。直到進公司一、兩年之後，才逐漸理解數字背後的紋理細節，同時敬佩老爸多年來的獨自承擔。她忽然了解，那時候父親要她盡情出國，從容的體驗旅行，其實是他自己無比渴望卻無法做到的。

黑暗中，看見光

二〇〇四年底，誠品首次帳面獲利。霜風嚴寒的黑黯歲月，總算等來了撥雲見日的一天。吳清友曾說：「公司不賺錢，不換車。」他那輛開了二十多年、經常熄火的老賓士三百，終於可以功成身退了。同時，他也去新配了一副斯文的圓框眼鏡。不料女兒一看卻說：「怎麼又是黑框的？啊！看起來好嚴肅。」隔週，他再去眼鏡行想更換，眼鏡師傅聽了卻說：「那麼吳先生你就多笑嘛——」他如雷貫耳，一如被智慧禪師點醒。他非但沒換眼鏡，事後還致贈咖啡豆感謝，日後也常提醒自己——「你就多笑嘛！」

當時誠品其實仍在燒錢，而且獲利僅只是當年度的，與之前幾年累積二十幾億的

⑪ 吳旻潔都稱呼父親為「老闆」。

增資虧損，根本不成比例。但至少很多營運指標已經開始反轉向上，那時公司借的錢比之前更多，但吳清友整個人的精神卻比之前更好。去拜訪不同的銀行、房東、股東，他總能信心勃發地描繪出誠品光明的願景。而他的熱情總是很有感染力，銀行高管們在聽了吳清友信心十足的願景大志之後，初期不以為然的表情往往到最後會變成眞心的建議；而一開始就態度友善的人，最後往往會成為朋友。吳旻潔說：「終於，老闆看到隧道前方的光，即使再小，卻再也不是幻影，而是眞的光，那是他要到達的地方。即便不知道何時會成眞……。」

獨排眾議，進軍信義區

也是在這一年，吳清友力主進軍台北信義計畫區。當時，全公司沒有人贊成去拿這個地點，他獨排眾議，在內部宣告一定要拿下。在一場向「統一」爭取信義店的簡報中，肅穆的會議室裡坐著一票台南幫大老，西裝革履，白髮翩然，每個人都板起嚴肅、不苟言笑的臉。吳清友身形挺拔，此際全身西裝，更給人一種刀槍不入的堂堂之氣。他親自上場，全程用台語簡報，人文、藝術、創意、生活的重要，強調「在這樣國際品牌環伺的繁華商圈，我們一定要有一個台灣人的品牌，展現台灣人的文化風貌。」他講得神彩飛揚，眼神發亮，滔滔不絕。台下的吳旻潔，還因爲不諳台語，感到特別催眠，而忍不住打盹幾次。

最後，誠品果眞勝出！當時這是破天荒的案子，離預定開幕僅有九個月時間。吳清友自己一筆一筆算損益，計算有幾坪，每坪坪效多少，一個月業績多少？一年營收多少？書店毛利率多少？商場毛利率多少？加起來是多少？這是收入。另一面是支出，他計算要請多少員工、租金要付給統一多少？多少錢裝修？多少錢折舊？要攤幾年？種種條件下，他自己在紙上算出來之後，是一個大大的紅字。他再往下推算「那這樣我可以虧多久」？

這是一種台灣人意識的壯志豪情？抑或是精算之後的無悔浪漫？吳旻潔總開玩笑說：「別人開公司，老闆算的是可以賺多少；我們開誠品，老闆卻每次都先算可以虧多久！」

二〇〇五年年底，誠品團隊在八個月內以驚人的效率開出地下二樓到六樓總計一萬三千多坪的「閱讀與生活的博物館」。內含全台最大的三千坪書店，讓誠品一步躍升爲國際性品牌，成爲「台灣面向世界的文化窗口」，奠定了日後海外拓點的機緣。

精明與浪漫

吳旻潔說：「老闆的精明與浪漫是非常相融的，像卡布其諾的牛奶跟咖啡混合完美。」吳清友的精明在於他真的非常會算，也知道怎麼樣能賺，怎麼樣會賠；他的浪漫在於，沒有把這些精明的邏輯用在經營書店的過程。他即使知道這個成本不合理，花這錢不會回本，但他還是放手去做，結果就變成用商場來養書店。

誠建時期，吳清友要求員工在辦公室要小跑步，採購時要斤斤計較。對應到誠品的商場部門也是如此，極力要求，錙銖必較，完全適用他的精明邏輯；但在書店經營時，他卻不採精明算計。撐到最後，土地、畫作也賣了，股票、房屋都抵押，資產全都慢慢地賣光了。初期他大抵邊賣邊借，等到賣到無物可賣時，就只能持續走險，「借本金還利息」，利息滾得非常之快，最後瞬間暴增到十億以上的負債，其中超過三分之一初期是為了償還之前的利息。

吳旻潔待久了，漸漸嫻熟業務，也取得老闆的信任，說服老闆讓她知道誠品到底負債多少？之前她大概知道這邊借一點，那邊借一點，但未知全貌。終於約在二〇〇五年時，她得知了數字，才驚覺這個洞有多大。帳面上的二十幾億還只是增資，另外還有十億多的黑數，「我哇啊哇啊、嚇了好一陣子。這是一個超級天文數字！」打從那一刻起，吳旻潔工作有一個非常重要的動力，就是「還債」。

也因爲知道父親欠債這麼多，慢慢的，吳旻潔不能接受同事的花錢習慣。有員工認爲投資是理所當然，虧損更是無可避免，但她愈來愈不能忍受，「他們都沒看到老闆在銀行面前怎麼低頭去爭取到每一分資源！」

坐輪椅的女騙子

吳旻潔說：「我的老闆是個理想性很高，很正直的人。」她從小就感受得到，父親是依存於典範光照而活的那種人，對於「做人應該如何」「做人不該如何」有著一廂情願的想法。一旦當對方背信毀約或不按牌理出牌，他會因爲對人的理想期待而感到不解或受傷，有時會動氣，「欸，這人怎麼這樣？」

有一天他們全家行經仰德大道正要回家，在接近華興中學大轉彎處，看到一部機車正被十幾台飆車族硬擠。那裡是一段長坡的終點，剛好又是一個大彎，因此經常發生車禍。要狠的那一群人，看來腎上腺素都已經暴漲，頭髮豎直，一個比一個兇惡，「釘孤隻」的情狀一觸即發。而那輛孤立無援的機車正一點一滴地被那群飆車族進逼圍攻，機車愈擠愈邊緣，眼看即將逼落懸崖。

吳清友立即要太太停車，不顧妻女反對，大步走上前勸架。他嘗試幾次都沒有效果，最終，他見態勢實在不可逆，只好趕緊回車上報警。吳旻潔在車上看得心驚膽顫，「我當時好怕家裡的車牌被這群人記下來，跟蹤我們回家，但老闆就是有種路見不平的正義感。」

正直、清白也實踐在他看待金錢的方式上。曾有一次，家裡來了一個坐輪椅的婦人，大約是看中吳清友陽明山自宅旁的空地，想要買下。談了很久，還付了一筆爲數不小的訂金。然而，吳清友經由徵信調查之後，發現她是金光黨。土地當然不賣，而且大可將訂金沒收，但是他仍將錢悉數退回給女騙子。

女騙子事件過後，當時年紀尚小的吳旻潔在爸爸的書桌上發現一張黃色便利貼，吳清友用黑色簽字筆慎重寫著：「錢來錢去，來來去去，來去之間，但求心安。」吳旻潔說：「這小紙條對一個十歲的小孩子，是一項深刻的記憶。而後我發現老闆在生活中眞的是這樣的人，他對於金錢十分樂於給予。而且對於不屬於自己的錢財，他也絕不想攫奪。」

這些人前人後、點點滴滴的小故事，感染了吳清友身邊的人，也無形中影響了吳旻潔，在日後她爲人處世與接班的道路上，有了一種強大的精神指標。

領導者的孤獨

吳家人在佛法上的良師益友江秋喇嘛指出，在接班過程中，看似吳清友凡事都事先計劃好。雖然傳統上家族常寄望兒子能接班，但吳清友不想給兒子那麼多壓力，讓他盡量自由。他是個敏感的人，想到自己什麼都可能發生，「在後面幾年，他很多事情都放手交給 Mercy。這不是一兩天的事情，而是潛移默化，不很明顯的過程。」

有一次在松德路總公司，吳清友要吳旻潔進辦公室。他坐在桌子旁邊靠窗的角落，愼重要她坐好。燈光昏暗，氣氛顯得低落，接著他意味深長地說：「有時候當領導人是非常孤獨的，妳要學會面對這種孤獨。」

她感受到了他的孤獨，但是心裡卻不能完全理解。一直以來，她從不在父親面前動情緒，那次是少有的例外，她在父親面前忍不住掉淚，她心想：「我們不都在你的身邊嗎？爲什麼你還是會感到孤獨？」

吳清友有一種台灣人意識的壯志豪情，亦是精算之後的無悔浪漫。吳旻潔開玩笑說：「別人開公司，老闆算的是可以賺多少；我們開誠品，老闆卻每次都先算可以虧多久！」

第十七章

誠品萬歲

陽明山吳宅二樓樓梯一上來的空間就是佛堂，居於每天出入要衝，顯示佛法在吳家的位置。洪肅賢將佛法帶入這個家，慈悲喜捨成爲全家共同的功課。「我們家是透過媽媽而開始接觸佛法的。」吳旻潔說，「要是沒有佛法的話，我一定是一個很混亂的人。」

不同於妻子兒女，吳清友關於「智慧」，另有自己的一番體證。

當初，吳清友建造陽明山自宅時，朋友推薦一位風水師，當時風水師問他：「吳先生，你若要財富，房子要朝南；要健康，房子要朝北；要智慧，房子要朝東。」他毫不遲疑選擇朝東。他一生都希望自己錢不必多、身體堪用，但最好能更有智慧。

洪肅賢追求佛法之初，吳清友雖然鼓勵她，但自己卻如如不動，大約採取旁觀的態度。早年，太太向他傳法，或要他來佛堂頂禮一下，他多半大手一揮鐵齒道：「啊，我勿免啦，我就做好事，當一個好人就可以了。」

後來，吳清友歷經心臟開刀手術，第一世卡盧．仁波切曾修長壽法爲他祈福，他懷抱很深的感謝。之後他見證太太兒女虔信，多年潛移默化，根器漸利，不再這般鐵齒而逐步習佛，開始聽經頂禮。

有一次，吳清友和兒子威廷一起參加年度普賢祈福法會，結束兩個小時的誦經之後，從法會現場步行出來。才走幾步，心裡沒由來地閃過一念：「這個世上沒有人有資格說：貧困不該歸我、病痛不該歸我、苦難不該歸我。試問：如果不該歸你，那該歸誰？」

別人正在代替你受苦

也許，年過五十，吳清友開始懂得觀察、捕捉自己心境微妙的變化或情緒反應，對生命和存在起了另一種嶄新的感受？又或者剛參加法會，心思敬虔清明幻生出智慧？但也就在這樣的片刻，他腦中浮現一些過往生活裡累積的畫面。

他看到中山北路、南京東西路口的地下道，總有些殘障朋友。以前他遇到殘疾身障朋友，總興起關乎惻隱、憐惜、同情等感受。但是參加法會之後，他的心念有新的變化。之後再見到這些身障朋友，他對他們行個禮，表達深深的感恩與尊敬，心想，假使不是他們，殘疾的人可能就是自己。

一天，他經過安和路的巷口，在騎樓下遇到一個賣花的男子。他買了一把野薑花要送給同事，又瞥見還有幾朵睡蓮，想到隔天太太要到山上禮佛，這些可以讓她帶去供佛，於是便轉頭順便買了蓮花。

他抱著野薑花、睡蓮在胸前，沿著敦化南路穿過安和路，要走回誠品。不期然地在紅磚人行道邊看到一位身殘、破相的乞丐。乞丐幾乎將整張臉朝下，似乎疑懼世人的眼光，連同殘軀全部伏趴於地，前面只見一只缽碗。吳清友拿出五百元放入其中，便安靜走開。

生命中每天流動翻轉著無限的因緣，這一天，他其實也並不特別慈悲，可是當他往前走沒幾步，不知何故，忽然想到在這麼繁忙的生活裡，過馬路的人有千有萬，因為遇見乞者，竟讓自己的心起了微妙變化。那伏趴於地的形象太巨大了，「那片刻竟讓我興起一股悲心。假使不是他的不幸，說不定就是我的不幸，而我之所以沒有遭受不幸，正是因為他們在代我們受苦。」

吳清友轉頭往回走，將手上的蓮花供奉入缽碗裡，雙手合十，「我覺得那一刻，他便是佛。」

眞布施，假和尚

吳清友常坐在敦南誠品二樓咖啡廳沉思。這天，他偶遇一位托缽化緣的和尚。他故意假裝沒有看見他，不想受到打擾，刻意埋頭認眞看書。結果年輕的僧人默默走開。之後他心裡暗自懺悔，責備自己太過小心眼了。

和尚身高約有一百八十公分，灰色袈裟之下，身形非常英挺。吳清友依稀記得，之前曾在敦南誠品附近碰見過兩三次。有一次他刻意遠遠觀察這和尚，有沒有眼睛亂瞟？行跡是否可疑？結果只見他雙手合十、目視前方，專注於自己的行走與修行。吳清友從身後超前他，走了一截路之後，像是要測試他似的，猛地一回頭，想知道和尚有沒有在看他。結果和尚仍安步前進，他忽然為自己感到羞愧，於是回頭恭敬奉獻他的心意。

又有一次，他在自己的「幸福加油站」低頭專心讀資料，一抬頭，發現和尚正站在他的前面。他迅速拿出千元鈔，放入他的缽裡。和尚道了一句「阿彌佛陀」，便趕路似地匆匆忙忙往樓下走出去，消失於人群。

吳清友看他匆忙離開的身影，馬上自責，「我又不是在買東西結帳，剛剛應該要站起身，虔誠恭敬地將錢放入他的缽裡，雙手合十，對佛法表達敬意。」這也是他過去一向的習慣。和尚如此倉皇離去的身影，教他覺得自己怎麼這麼粗鄙，像是看不起人的樣子。

正為此懊惱時，轉過頭發現咖啡店店長就站在他後方，店長說：「吳先生，你不要再給他錢了，他知道你一定會給，就一直來，這樣會影響到其他客人。」後來吳清友才意識到，店長不太高興的神色，或許正是催促那和尚匆忙離開的原因。

他認爲店長也沒有錯，這也無涉慈悲不慈悲。店長又補一句：「何況，吳先生吶，他又不一定是眞的和尚？」經此質疑，吳清友一時間爲之語塞，介懷甚久。隔了幾天，遇到江秋喇嘛，吳清友提出自己的困惑，喇嘛告訴他：「只有眞布施，沒有假和尚。」他才豁然釋懷。

一腳踏空，血管剝離

疾病如影隨形，在ＩＣＵ住院休養十七天後，相隔了五年，二〇〇六年底，吳清友又動了第二次心臟大手術。

這年秋天裡的某一天，吳清友跟太太在大溪一處山莊小住。清早起床活動，他帶著毛巾在無人的路上散步運動，隨興地一邊走一邊將毛巾往身後伸展，仰著臉閉著眼睛，閒適地往前走。過去他從未有這樣怪異的舉動，更沒有閉眼走路的習慣，「當我往前走了十幾步之後，忽然覺得怪，然而腳步已經踏出，停在空中，不安之下才想張開眼睛。但是，一切都太遲了！」吳清友的身體重心已經往前挪移，順勢往下踩，卻一腳踩空，跌進路邊深溝。

後來他才知道，很少人的跨步是平均等幅的。一旦閉起眼睛走路，無論自以爲走得多麼不偏不倚，終究會偏離方向，「我便是在這樣放鬆狀態下，一點一滴地走向歪斜而不自知。」

摔落的水溝有半公尺深，吳清友疼痛感傳來，以爲腳骨斷了。周遭無人，他斜躺很久，勉強以手臂支撐，費盡力氣才爬上來。之後胸口悶沉沉的，他摀著胸、挨著痛，一跛一跛走回房子。

一、兩個禮拜之後，他赴新光醫院檢查，原本擔心的骨頭居然沒有問題。醫師聽了他的意外，轉而心生一念，何不順便也做心血管掃描。不做還好，一掃描之後發現事態嚴重了。

那踩空的一頓，可能造成心血管再度剝離，但也可能心血管早已出問題，這一摔反而促使他到醫院檢查，而提前發現。只是擺在眼前傷口裂得又長又深，已經不能用之前的方法彌補。

之後二個月間，新光醫院的洪啟仁院長、主治醫師林佳勳、台大醫院院長林芳郁合力研究救治方案。過程中除了請教國內醫師外，也向新加坡、日本、美國、香港等醫學權威聯繫諮詢。他的病歷在不同醫師之間轉傳，評估各項風險。

最後透過介紹得知，香港大學醫學院有位教授提出一種混合型開刀治療法，只要開一次刀，再以內科導管加以輔助，可以免除再次動刀之苦。這種最新的心臟手術，前一年美國才剛核准通過，台灣仍未准許，吳清友只能到香港大學所屬的香港瑪麗皇后醫院動刀。

女兒的禮物

那年十月，吳旻潔剛過完生日，正感到人生滿滿希望，她與爸爸一同到國家音樂廳聽音樂會。初秋的台北，入夜後已有淡淡涼意。音樂會結束，他們父女散步出來，吳清友忽然淡淡地說：「Mercy，我做了一些檢查，必須到香港手術，明天我就不進公司了，由妳暫代職務。」

「啊！」她錯愕看著父親，無法接受這猝不及防的一刻。

十二月，吳清友與家人一起到香港住院，準備幾天之後的手術。他們在香港租了一間小公寓，或許這又是一場長期抗戰。

開刀前幾天，醫療團隊進行必要的身體檢查與手術準備。他們可以趁空檔暫時離開醫院，外出走走。爲了調和氣氛，讓吳清友放鬆，親友還帶他去聽樂團現場表演，他依稀記得點了「*San Francisco*」「*Hey Jude*」等年輕時代的幾首老歌，還在友人起鬨上台哼唱了幾句。

「點這些老歌，沒有特別的原因，也不是特別想要聽，其實一點也開心不起來。」但吳清友聽著歌，慢慢地勾起了深埋已久的回憶，有種人生一幕幕倒帶回看、恍如隔世的心情。他想起二十歲初來台北，接觸西洋歌曲，想到畢業舞會裡遇到的心儀女生……"Hey Jude, don't make it bad, take a sad song and make it better."

這手術是非常危險的，或許此刻會是吳清友此生此世，最後有感知的一段迴光。之後會如何，沒有人知道。手術前一天，他們全家在香港太古廣場的廣式餐廳吃飯，飯後如常去三樓 Tea Room 喝咖啡，還像平常一樣逛街。明天就要動手術了，面對一連串的未知，吳旻潔和媽媽逛著商店櫥窗，想拋去沉重的揣測，討論的卻是：「媽咪，妳看那個包包好不好看？那件洋裝漂亮嗎？」畢竟，生活還是要繼續過下去啊。

這一夜，吳清友免不了思緒紛然，人生某一些片段在他心裡如走馬燈轉啊轉。病床邊的小桌上，陪伴的是太太送他的《金剛經》以及女兒親手抄寫的《大悲咒》。

多年前，吳清友到故宮參觀，買了經摺裝經卷本送給女兒，內頁一片雪白。當時吳旻潔下定決心「您給我一本空白的，我要回送您一本寫滿的」。她算好經文字數，用尺丈量，鉛筆劃線打格子。抄經的當時，她正和表姊去新加坡旅遊，白天走走逛逛、與動物合照，有空檔時她便劃格子抄寫，想早一點完成，送給老爸。終於在一九九八年七月十八日⑫，她將這本親手抄寫的《大悲咒》送給父親作爲父親節禮物。吳旻潔在最後一頁一本正經寫下：

獻給老爸

一輩子抄不完的經

一輩子行不盡的善

一輩子也無法償報的恩情與愛

願您年年喜樂康健！

每次拉開展讀，吳清友看到女兒纖細但堅定的字跡，橫豎點捺的筆劃間，滿溢孝心，他的慈目，不禁泛出喜悅的微光。好幾次他拿出來向朋友展示，欣喜說：「這是我這輩子收到最好的禮物。」

兒子的祈願

也是這一晚，兒子在病床前安慰他，說：「老爸，放心吧，我已經向佛菩薩祈願折壽給老爸了。」他一時無語，更無法預料之後的遽變。

他將這兩本經，放在病床旁邊，想著兒子的話，溫習著家人的祝福，忽然想起他存記在心的「人生沒有什麼理所當得」「沒有人有權利說，病痛不該歸我……」又想到之前在台北人行道所遇到的破相乞丐，正在代我們受苦，「不是他，便有可能是你我。如今我罹患先天心血管疾病，躺在病床上，其實不是一樣嗎？」他覺悟般地告白，「既然人生沒有什麼理所當得，這不也包含生命本身嗎？那麼人又何以能妄想一生無病無災？如今既然這病痛歸我，生病的『配額』輪到了我，我就好好地承受。」

這樣想之後，他竟意外睡得很好，甚至有種「從容就義」的心情。他說：「我不敢自居有什麼樣高超的修行，也不是我有強烈的慈悲，淺薄來說，只是阿Q，我只是尋找安頓的出口。但話說回來，假使之前沒有受很多折磨，教我智慧有所增長，豐厚生命的存摺，我又如何能夠在危厄時諦觀自己心念，獲得平靜？」

手術之後，醫師施打重度鎮定劑，吳清友進入長達三天七十二小時的麻醉沉睡狀態。但還是老毛病，出血不止，加護病房三進三出。因爲他的血型特別，最後用很多人工血液。醫師擔憂，高濃度藥物傷害，即使救起來將來也要一輩子洗腎；或者救回

⑫ 七月十八日這一天初看沒有任何特殊的意義，但是令人想不到的是，多年之後，這一天卻是吳清友的離世之日。

來不幸變成植物人……。洪肅賢一面擔心失去他，一面得做艱難的決定，然後就只能等待！等待！等待！全然地承擔，「我們所有能夠做的都做了，包括請師父祈禱，不想有任何遺憾。」

此時三哥正派駐廣州番禺，那附近蓮花山有一座高達四十餘公尺的箔金「望海觀音像」，據說十分靈驗。三哥每日到觀音像前祈禱，同時許願：「我比弟弟大三歲，我希望折壽三年給清友。」

誠品萬歲

三天後，情況穩定了，吳清友才從恢復室送到加護病房。在恢復室裡，雖然麻藥退了，但他的心識冥濛。半夢半醒之間，他一直誤以爲醫生沒有麻醉，卻要在他腹部劃開一刀，他連喊著「我不要開刀」。家人勸他已開完刀，狀況很順利，但他壓根不信，拚命嘀咕：「醫師吶，你們不要那麼沒良心，我不要開刀啊！」一直吵嚷不休。

或許他的靈魂仍在某個象限徘徊，胡鬧一陣後終於清醒。爲了測試他長時間麻醉後四肢的反應，醫師要家人拿紙筆讓吳清友寫字。大家屏息圍觀，他巍巍顫顫地寫下：「誠品萬歲」四個字。吳太太看了笑說：「沒事，他沒變，正是本尊無誤，不必擔心了！」吳清友將這張紙仔細收留至今。那四個大字如蚯蚓在紙面掙扎地爬行，宛如某種靈魂印記。

後來傷口血止了，吳清友卻一直沒有辦法排尿，陪伴在旁的三哥依以前按摩的經驗，揣摩性地按摩他的大腳掌。隔天吳清友居然就排出了一點點。之後輾轉找來一位經驗老到的香港師傅，每天來醫院爲吳清友按腳，終於順利恢復。洪肅賢調侃說：「三哥，你會寵壞他喔，這樣以後我怎麼辦？」大家歡笑著，感染著他重生的喜悅。

沒有理所當然的明天

先天病痛終究無可治癒，注定要跟他長相廝守。吳清友十二月六日開刀，聖誕節前回台北休養。逐漸康復後，吳清友找到一個機會，向之前詢醫過程提供協助的林芳郁院長道謝。兩個大男人談話到最後，林芳郁竟牽起他的手說：「吳先生，縱使醫術再高超，你的狀況定有上天blessing，才能安度。」兩人在陽光下互相微笑感恩。

吳清友說：「感謝病痛，讓我的人生不致於消極。爲了孕育更強韌的生命力，我勢必積累人生正向的特質。」這些想法，形塑出日後他經常提到的「五心五力」。五心指生命力，包含「善、正、高、強、大」。

「善，我希望我是一個善良的人；正，希望我是一個充滿正面思維的人；高，自我的期許高，訂的標準高；強，希望企圖心能夠強，因爲生命中終歸有太多不如意的事情，必須要韌性來度過它、克服它；大，我當然希望我能透過不斷的精進，有更大的格局。」

「五力」指的是專業能力，包括「想像力、知識力、創新力、執行力和整合力」，這是要花一輩子努力的人生功課。

吳清友說：「病痛，我修過了，不一定及格，恐怕未來還要繼續修，是永遠的功課。雖然風險高、代價大、要人命，但是我仍眞心認爲，假使我沒有經歷這一些，坦白說，生命便索然無味。」

他甚至認爲，一個萬事健全、無苦無病的人，某個意義下可能是一種「缺憾」，若能受一點折磨、苦難，有時反而是好事。他說：「我相信每一個人都有他生命的存摺，這不光是銀行裡的有形資產，更重要的是親情、友情、資質、智慧等生命無形的財富。有時候我想，假使沒有病痛，可能我這一生的生命存摺是空的。對於這一場病，一直到現在，我都懷抱著一種近乎感恩的心情。」

特別在這次手術之後，他更認眞學習面對死亡，「人人都有罣礙、不捨、惦念，我也沒有穿透生死、遠離顚倒夢想、坦然無懼的高超能耐。我努力告訴自己，在最沒有防備的一刻，面對大限來臨之際，要在最短時間內平息下來。」

精明才讓浪漫得以永續

吳清友赴港手術加上靜養期間，由吳旻潔暫代職務六個月。那時她開始簽支票及傳票，動輒幾百萬幾千萬，她很認眞地估算，以自己幾萬元月薪，要多久才可能還完？「算到後來，我眞的剉到了，心裡好沉重。」雖沒有怨，但她忍不住犯嘀咕：「老闆，你怎麼把自己女兒也拖下水了，押進來作保，把我們家變得這麼水深火熱……」她想起媽媽對她說過，因爲簽了很多連帶保證的文件，而無法感覺自由。後來媽媽不能再當保人了，如今又換成了女兒接替……。

吳旻潔從小希望像媽媽，因爲媽媽比較漂亮，但是後來她發現自己遺傳父親的地方愈來愈明顯。除了五官面容神似以外，她也遺傳了父親的大手，彈奏鋼琴可以一手彈十度音，左手可以單手抓起一顆籃球三秒鐘。有時忙碌起來，過度使勁，雙手便青筋浮現，「我的手，像老闆那雙勞碌的手、是做事人的手。」接班之後的她，愈來愈看得懂眼前的局面。她必須比父親更精明，才能讓創辦人的浪漫有永續的可能。

聖誕節前夕吳清友已回台北家養病，身體逐漸康復後，他邀女兒進書房，探問女兒代理職務半年來的心得。吳旻潔誠實地針對公司用人、金錢、資源運用、經營成本等問題，提出她的觀察與質疑。她直言無諱，但第一時間，吳清友卻很不能接受，甚至大大發了一頓脾氣：「妳多了解這些業務？很懂了嗎？妳以爲做幾個月就能了解狀況？憑什麼這樣子論斷？」吳旻潔被老闆責難了，覺得很沮喪，回到自己房間裡，「我眞的看不懂公司的一些做法，我只是誠實反映出內心想法而已啊。」

這件「心得報告」就此收場，隔天也彷彿平安無事，兩人沒有再討論，好像從來沒有這件事。但有趣的是，日後吳清友卻逐漸接納了吳旻潔諸多判斷的可能性。

兩個月後，過完農曆新年，他開始大刀闊斧整頓。啟動一系列的企業組織重整、人事調整、整合書店和商場，成立通路事業部、凝聚全團隊通路與行銷資源，發揮綜效、審愼展店，清理無用資產及庫存、精實體質。

二〇〇七年九月，吳旻潔升任誠品副總經理，負責整合書店與商場的營運。誠品股東、和碩董事長童子賢觀察，吳旻潔一路挑戰不斷，被迫面對轉型、父親身體隱患以及巨額的負債，「Mercy 在財務上比父親更有效率，有大將之風，對她這樣不到三十歲的女孩子是超齡演出。」

財務大補血

在誠品團隊苦苦求索經營之道時，期間亦有難得的好消息。二〇〇七年十一月，在香港佳士得秋季拍賣會上，誠品釋出世界當代藝術家蔡國強之「爲APEC作的計劃」，此作爲二〇〇二年爲上海美術館之「蔡國強藝術展」所作之大型爆破草圖。之前，吳清友還有些猶豫，捨不得畫作，想把它再買回來。拍賣一開始，他怕沒人開價，還忍不住舉牌，眞想把畫作買回來，但持續而來跟進追加的金額逐漸超乎他們的想像。拍賣會終了落槌，一舉賣出三．三六億台幣的天價，等於在短短五年，價值躍升三十倍。

競爭激烈的拍賣會之後，吳清友和誠品畫廊總監趙琍、吳旻潔來到香港萬豪酒店中餐廳。在包廂內，他們三個人圍著圓桌坐成一個「品」字，長時間陷入各自的沉默。那靜默，並不是賣掉畫作的失落，而是太開心了，賣得太好了，他們有點手足無措。終於有資金可以救誠品了。後來他們點了廣式煲湯，小喝幾口壓壓驚。趙琍忽然抬頭，打破沉默對吳旻潔說：「Mercy，妳明天去買一個名牌包吧！」

這筆業外收入，對當時誠品的財務乃一記大補血，但二〇〇八年就要靠眞本事了。九月狂襲而來的全球金融海嘯，光一個月的虧損就將前八個月超前的獲利一次吃光歸零，運氣總像坐雲霄飛車忽上忽下，只能低頭重新耕耘。

二〇〇九年誠品滿二十週年，吳清友在酒會中說：「其實二十年前的今天下午，一九八九年三月十二號，我自己想一想，當時黑髮溜溜，現在白髮蒼蒼；當時好像有英俊瀟灑，現在已經不堪回首。」整篇致詞，除了感謝之外，依然是憂國憂民，思索如何面對這世紀初人類社會的苦難與弔詭。所幸童子賢應吳清友要求講了一個笑話：

「有一天我帶著女兒到書店買漫畫。書區很多人，站著看、坐著看、躺著看，女兒踩到人後，她借題發揮，她的同學說『三十而立』，我問她什麼意思？她說繳三十元可以站著看；『四十而不惑』的意思就是繳四十元看到你懂爲止；依此類推『七十從心所欲不逾矩』的意思就是，繳了七十元後，站著看躺著看隨意。」接主持棒的楊照立刻補充：「在誠品躺著看書不需要繳七十元，你免費就可以看。」

誠品深耕（生根）台灣二十年，經歷了成年禮，蓄勢待發，也是在這一年，吳清友宣布誠品赴大陸發展，以來自台灣的文化軟實力，期待誠品在兩岸三地開枝展葉，搭建起兩岸之間和平與善意的橋梁。

第十八章

你走後，我的心彷彿經歷一場寒冬

隆冬的陽明山總是濕冷多霧，暗夜裡，窗外漸次下起了雨。是雨太細太薄而飄散成霧，還是霧又重又濕凝結成雨。這一夜，對吳清友又將是一個失眠的夜晚。沒有比深夜濃霧裡淅淅瀝瀝的雨滴更為動聽的聲音了，但也沒有比它更蝕齧人心的了。

窗玻璃上的水氣，將窗外一脈綿延的山景柔焦幻化成一幅寬廣的水墨，無邊無際自東向西延伸，他索性放下手邊的工作。今夜，天空如一堵高牆，他無法看透，只能盯著窗面上那逐漸聚攏、鬱結，接著滑落成一道又一道的水痕。

雨霧交纏，水滴輕濺枝葉，匯成流沙般靜謐的聲響。螽斯在草葉間唧唧－唧唧，磨翅高唱，而遠方剪影般的山巒，沉浸在一片霧氣裡，無言且無語。他不願誤觸那些深層的心底，偏偏忘不掉兒子出事之後的傷痕遍體。

他幽緩地道出：「不管你相不相信命運，有些事情眞實地主宰著你。」當誠品穩定獲利、女兒接班進入軌道、誠品剛剛歡慶二十週年之際，僅隔一個月，吳清友的兒子吳威廷卻意外猝逝。吳清友在金錢與健康以外，面臨人生第三重失去——摯愛。

最慈悲的孩子

吳清友的獨子吳威廷，從小便是個十分獨特且個性良善的孩子。小時候除了媽媽以外，不給其他女生抱，男生要戴眼鏡的才抱得到。他不愛吃肉或魚，愛乾淨，連出門倒垃圾都要穿襪子。

六歲，念幼稚園的他，聽到阿公感冒不能來台北，隔天牽著四歲的妹妹到土地公廟祈求神明保佑。一個多禮拜之後，阿公身體好轉，來台北吳家，兩兄妹牽著阿公到小土地公廟還願，拿出兩塊錢，買兩根蠟燭清香，在神案上點燃。眞摯的情感，教阿公好感動。

他從小就對所有一切都非常敏感，個性又極度嚮往自由，不想按照父母長輩的期待而活，因此非常受苦。求學過程屢屢受挫，一直無法適應學校體制，與聽話用功的妹妹截然不同。

念格致國中時，他曾經好幾次蹺課逃學。有一回躲在陽明山後山一間小寺廟，驚動警察通知父母親。洪肅賢說：「我去找他時，住持說，你這兒子一個人坐在那裡，手捧《金剛經》誦唸，神態莊嚴高貴有如國王。」教她大感吃驚。

他上學遇到流浪狗，居然把便當給狗吃，自己餓肚子。有一年中秋節，他和同學約好到天母烤肉郊遊，行經劍潭附近，在路口看到一位被摩托車撞傷的老伯，往來人車匆匆，卻沒有人下來幫忙。吳威廷扶起老伯到陽明醫院掛急診，確定無礙之後，又搭計程車送他回家。才知道老伯是住在陽明山後山六窟一處簡陋破屋的老榮民，他又回家搬了好多東西去看他。吳威廷開平中學的老師曾告訴洪肅賢：「教書三十多年，你兒子是我碰過最慈悲的人之一。」

他高中念了好幾年，換了三所學校，自己偷偷蓋章、辦轉學、休學。之後當兵也因受不了管教而逃兵。逃兵是嚴重違紀，足以判軍法。他被送到宜蘭金六結營區關禁閉，直到吳清友保他出來。

性格接近「莊子」

吳家搬到陽明山之後，他有時心情好，就到外頭畫畫，貼在家裡牆上。來家裡做客的美術系教授看得驚喜有味，要安排他正式學畫，他卻又拒絕。

有一段時間，吳清友把他送到洛杉磯念外文，他念了幾個月就回來。家人希望他至少把英文學好，他卻說：「以後有需要，我再請英文祕書就好了。」

一九九七年間，吳寅卯身體愈來愈不好，來吳清友家暫住，方便照顧與就醫。有一天，二十歲吳威廷哭著回家，原來他到台北保安宮燒香祈福求籤，前後連抽了三次都讓他失望，吳清友說：「他小孩不懂嘛，抽到壞籤，一直想要再抽，結果第三次還是下下籤，心就碎了——」最後他向神明祈求，願意折壽給阿公。

吳清友思忖，這小子從來沒有爲自己課業這般操心，他想讓父親知道孫子的孝心，但勢必得提到求籤的結果，陷入兩難。「後來，我體悟到結果並不重要，我希望父親能知道，他疼愛的孫子爲阿公的身體健康所做的努力。」當吳清友據實以告，吳寅卯紅了眼眶。

之後吳威廷進誠品歷練，負責商場工作。在一般員工眼中，他是一個正向、陽光又天眞的大男孩。他曾擔任敦南誠品咖啡店的店長，員工必須二十四小時輪班，但大夜班很難排，他不勉強同仁，經常排自己大夜班，沖咖啡擦桌收椅忙到天亮才回家。

也許是射手座的浪漫和無拘無束，吳威廷對於經營事業並沒有企圖心，也沒有競爭的驅動力。他喜歡過自己的生活，口頭禪是「差不多」「都可以」「沒關係啦」……。或許他的性格更接近「莊子」，就連他的手指都柔軟修長，好像摸不到指節，吳旻潔調侃他：「哥，你的手只是捏葡萄放進嘴裡吃的手，而且那些葡萄皮還是別人幫你剝好的。」吳威廷聽了只是呵呵呵傻笑起來。

偏偏吳清友是典型的嚴父，笑容少、做事嚴謹，加上身材高大，總教人不得不仰望。吳寅卯父子兩代都是奮鬥一生，對人生抱持嚴肅正經的態度，吳清友對兒子學業不精進，做事散漫不經心，心急不已，「男孩子怎麼能夠如此？以後有家庭責任要擔當！」很長一段時間，他們父子關係緊張，性格差異過大，兩人無法談心。他有時難免氣炸，忍不住會動手管教。

強大的快樂能力

在吳旻潔眼中，哥哥是比較超現實的人，不理會社會價值觀，隨心所欲做自己喜歡的事。他在誠品餐旅事業部門磨練，有次處理應收帳款，非但沒有替公司把錢收回來，反而借錢給廠商，因為覺得廠商很可憐，有些甚至變成好朋友。但問題是，廠商是真的朋友？還是要騙他的錢？這就不得而知了。只是這些麻煩漏洞，最後總是吳清友或叔叔吳明都出面解決。

二十多歲的吳威廷曾對父親坦言：「爸爸，我這輩子可不可以過簡單的生活就好？」跳開接班、傳承這些傳統期待，他想過適情適性的人生。

聽了兒子的心聲，吳清友自己也到了某一種年紀，逐漸放下望子成龍的緊箍咒，他終於了解到：「他不是我、他是他，既然愛他，就要用他的立場了解他、尊重他。」父子逐漸從對立的狀態，慢慢變成朋友，關係完全改變。

換個角度後，吳清友倒發現兒子有很多可愛的地方。譬如，吳威廷天生擁有快速遺忘煩憂與強大的快樂能力，就連看一部情節簡單的電影，都可以笑到拍桌頓腳。做父親的其實很羨慕兒子，因爲那正是他所缺乏的特質，「我從兒子身上學到，不能光用自己的眼光與價值衡量一切，因爲這個社會上存在的，不是只有你這樣一種價值觀而已。」

他特別記得當自己壓力大，面露憂愁時，兒子總是拍拍他的肩膀，說：「老爸，你看看天空嘛！」

突如其來的急症

二〇〇九年春天，吳威廷才剛和女朋友去了一趟歐洲回來，兩人似乎已經快要論及婚嫁了。兒子交了女朋友，吳清友一方面欣喜，一方面帶著戲謔的口吻對友人說：「啊，這個猴囝仔擱麻會交女朋友噢？」三十三歲的他，身體健康，也從來沒有心臟方面的問題。

出事前一天晚上，吳威廷跟朋友一起吃飯，睡前還與三伯通電話聊天，一切均無異狀。睡覺前，他如常洗好澡乾乾淨淨上床睡去。除了那幾天因爲感冒，身體有點不舒服，到山下天母西藥房拿藥，說了句：「媽，我有點累。」洪肅賢叨唸兒子：「你不要經常三更半夜不睡覺——」兒子從小就黏她，即使變成大男孩，還經常鑽進媽媽被窩裡，母子倆嘰喳聊天。親戚朋友都笑，這樣也好，你們家，爸爸疼女兒，媽媽疼兒子，也是一種微妙的平衡。

那陣子，洪肅賢每天爲兒子做便當。這晚，他們夫婦出門應酬晚歸。回家後，她看到兒子房裡燈關了，再看到廚房留有便當盒，她搖了兩下，「匡噹－匡噹－」飯都吃光了。她高興兒子愛吃她做的飯菜，心想「明天要早一點起床，做新的菜色。」也因爲這樣想，她沒有如往常進他房間道聲晚安。

隔天清晨五點左右，吳旻潔聽到隔壁哥哥房間裡傳出奇怪的唏哩呼嚕聲響，她以爲哥哥在做惡夢。平時她連警報器誤響都懶得起床，不知爲何，那天她竟跳下床，心想：「做惡夢、講夢話到這樣也實在太誇張了，先把他叫醒！」兄妹倆的房間僅以書牆隔開，從小到大，他們兩人總是隔牆聊天鬥嘴，從沒想到會有分開的一天。

直到走進他房間裡，才發現哥哥不是在說夢話，而是胸口抽噎起伏發出的「濁重的呼吸聲」。她看到哥哥正大聲劇烈地喘著氣，而且因爲缺氧，臉部與嘴唇已經變得青紫。她嚇壞了，趕快到對面房間喊爸媽起床。

夫妻倆驚醒飛奔過來，眼睜睜看著兒子濁重的喘息聲已近尾聲，焦急且痛徹心扉放聲嚎哭。

訣別

吳清友顧不得自己會不會人工呼吸，一秒都不敢遲疑，不斷按壓兒子胸膛，一面把氣吹進兒子嘴裡。他不敢鬆手，反覆再來，淚水滴落兒子的臉龐，淚痕又被他擠碎。他相信心念的力量可以挽救一切，盼望奇蹟出現，直到急救人員衝過來把兒子送上救護車。吳威廷已經停止呼吸心跳。

車子一路鳴笛，洪肅賢隨車，望著醫護人員不斷急救，只有一種痛恨、不捨、不甘心，「我做這麼多，要死也是我，爲什麼要死我的兒子！他還那麼年輕，這樣又算什麼？」

清晨六點多，緊急送到新光醫院。不久，吳明都和江秋喇嘛也到了。江秋喇嘛走進病房，摸摸吳威廷的腳趾，然後走出來，頹喪地坐倒在椅子上，一句話都沒說。

急救了兩小時之後，忽然有醫師衝出來喊道：「他有呼吸了！」雖然眼睛沒睜開，也無意識，卻一度有了呼吸、心跳，瞳孔也似乎有細微反應。院長過來商量，吳威廷因爲停止呼吸太久，將造成腦部永久性損傷，即使救起來也極有可能會成爲植物人，「那麼……這樣你們還要救嗎？」吳清友二話不說：「當然要！」

所有人一下子都動員起來，葉克膜機、高壓氧、電擊器等機器全推過來了，O型血液也備妥了。醫護爲他打了強心針，接著緊急插管往加護病房裡送。

吳威廷的生命，在眾多器械環伺加持下，多維持了二十一個鐘頭。

當天下午，院長說，我們再觀察，如果跡象有好轉的話，要把原本插在大腿鼠蹊部的葉克膜管子改由上臂插入，臨心肺比較近。但是……（他似乎強調之後這點），如果跡象沒有好轉的話，就不應該延續他的生理生命。

吳威廷自始至終都沒有意識，一度迴光返照，只是因爲機器與急救設備的刺激而有生理反應而已。

在這漫長的過程裡，洪肅賢一句話都沒有講。醫院長長的廊道，光潔的地面反射天花板永夜般的燈光，冰涼的空氣，電梯叮地開門又關上，手推車和白膠鞋推進推出的雜音，一切的一切都令她感到心灰意冷……。「也是在這段期間，我慢慢變得比較平靜。」她要妹妹回家幫哥哥拿幾件衣物。一路上吳旻潔的淚水沒有停過，她泣不成聲打電話給姚仁喜，輾轉連絡上宗薩蔣揚欽哲．仁波切，希望這心識出離的關鍵時刻，哥哥的心識能夠獲得正向的引導。

觀察了一整個下午，吳威廷所有的生命指標都是往下的。在醫院裡，吳家人判斷應該已是無法挽救了。晚上，急診主任對洪肅賢說：「吳太太，我們來幫他換衣服好不好？」她聽懂了。衣服換好之後，家人便把吳威廷接回家。

回家的路上，一家人緊挨在昏暗的救護車裡，不斷持咒唸經。吳旻潔在哥哥身旁一直默唸《心經》，同時要哥哥不要擔心、不要害怕，好好放心離開。「我知道逝者臨終之時，最好的方式，就是告訴他，所有擔心的事情都會被好好照顧，不用擔心，勇敢向前離開。」

凌晨兩點過後，吳威廷回到他熟悉的家，回到他的房間，回到他的床。從前一天發病送醫到凌晨回到自己的床上，僅有二十多小時。所有喇嘛都來了，大家默默哀傷告別之後，醫護人員把維生機器及管線一一卸除，三十三歲短暫的生命劃下句點。

無常，如常而來

按醫師診斷，吳威廷罹患的是非常致命的「急性心肌炎」，常發生於三、四十歲正值健壯的男性身上。即使發病當下躺在手術台上，也只有短短二、三十秒的救治時間。這根本是剎那間、沒有迴旋空間的死亡。無常，如常而來。吳旻潔認為，她在發現哥哥拚命喘氣之際，他，其實已經離世了，身體只是因缺氧而反射性地劇烈抽動，「我哥是在睡夢中過去的，他應該沒有意識，沒有任何掙扎或不舒服的離開了。」

停靈期間，喇嘛們持續唸經，進行「煙供」⑬。吳家租一個冰櫃回來，洪肅賢每天擦拭冰櫃小玻璃上的霧氣，看著兒子彷如沉睡的臉，從發病第一時間的青紫，到在醫院機器插管急救之下的浮腫，到最後青紫腫脹全消失了，氣色愈來愈好，皮膚愈來愈粉嫩，甚至有點調皮的淺淺微笑。她感到好安慰。

火化前一天，葬儀社問：「吳太太妳要不要再幫他洗一洗，換衣服。」她想，兒子愛漂亮又乾淨，所以點頭說好。她爲兒子挑一件他生前喜歡的西裝外套，希望兒子體面出發。替他洗換的禮儀師說：「吳媽媽啊，你們一定做很多好事，都經過那麼多天了，他的身體好柔軟，這麼好換。」

火化那天早晨，吳威廷的面容莊嚴、平和、乾淨，有一種王者的神韻與氣質，但又有一種無所沾滯的、離得遠遠的超然。吳旻潔第一反應是感到很羨慕，哥哥走得那麼好，她心想：「我們不必再哭泣了，因爲他已經遠行，不在那裡了。」

吳旻潔領著哥哥在炙熱的火葬場裡，在誦經聲中，棺木熾烈燃燒、炭化、崩解，煙囪向天空吐煙，空氣中瀰漫灰霧。活著的人，不管肺部吸入再多的塵埃，忍住多少倒流的淚水，都無法洗掉鬱結於心的悲哀。

喪禮火化當天，按習俗白髮人不能送黑髮人，父母皆不能出席。兩個小時之後，一切化爲塵灰骨屑。殯儀館工作人員慎重將骨灰夾起，一一疊放罈中，骨骸碰撞發出宛如冰屑的聲音。而吳威廷的骨灰雪白中透出淺紅、粉黃、淡青……五彩繽紛。洪肅賢得知後，感到無比安慰，「那眞的是好漂亮，美麗極了，眞好。」

吳家一樓客廳靜立著吳威廷的小小日式供桌，彷彿每天仍與家人朝夕相處，從未離開。日本攝影家、作家藤原新也在《雙手合十，一無所求》中說：「供養祭祀亡者，其實是在淨化內心對亡者殘存的遺憾。供養的不只是亡者的魂魄，同時也是自己的靈魂。」兒子離開至今，沒有一天，吳清友不思念著他。對於愛，世人總是覺知得太晚，時間總是從中作梗。

關於愛……

兒子走了之後，吳清友有一段時間陷入深切的罪疚與自責，寫下「當父欲愛，而子不在」這樣的話。他觀照中文說的「痛苦」二字，但他體會到「痛」與「苦」是截然不同的感受。誠品賠錢，頂多辛苦，那是不痛的；失去兒子，卻是痛與苦俱來，「或許我太晚知道，他是一個奇特的孩子。他是射手座，嚮往絕對的自由，與體制一

⑬ 藏傳佛教的一種迴向的儀式。焚燒誦唸特定法本經文之後的食物，以煙供養迴向功德給眾生，締結善緣。

直處於不能相融的矛盾之中。」

父子一場，因緣牽結，沙漏能否倒置？時間之橋能否重行？讓愛的功課倒回再習一遍？這對吳清友又是何等難修的功課！「我們當父母的，沒有用心看到這些細微的差別，我心中也有『魔』，光想用自己設定的模樣去期待孩子。因爲我也是第一次當父親，想用自己的價值觀，加諸於自己最愛的小孩，但是，卻做錯了。」

威廷是他們的第一個孩子，吳清友還記得從超音波螢幕中看到模糊不清的影像，傳來髮髮髮如快馬奔蹄的心跳。很奇妙的，一股父性的聖泉流過他的內心。

有幾回，吳清友找出手機裡珍藏的家庭照。他記得兒子赤足學步，小腳啪噠啪噠貼地作響，年輕的他，大手牽小手教兒子學走路；在公園的櫻花樹蔭下，教兒子騎腳踏車；在日月潭柵欄邊，他拍下兒子一張穿著襯衫短褲、笑得燦爛如詩的男孩帥照……。他的目光愛撫過每一張照片，發黃的光影凝結成永恆的追憶，「坦白說，如今我所有談到兒子的事情都是哀傷的，都是那麼的不捨。恨不得他還在世的時候，可以疼愛他更深、更多。」

吳清友懊悔太晚才讀到佛洛姆《愛的藝術》這本書。他想像著，假使能早幾年讀到這本書，他就有機會學習眞正的愛是什麼？佛洛姆講關懷、照顧、責任、了解，最重要是尊重。「我沒有做到眞正的去了解他和尊重他，我只是想愛他——用我自以爲的方式。人是無明的，連我自己的兒子，離這麼近、這麼親，我卻沒有看清楚。生命裡最重要的愛，我都做不到。這種覺悟，是兒子最後給我的……禮物。」

現在吳清友即便懂得愛的理論，卻沒有了愛的對象。他學會好好放手了，但那雙手卻永遠離開了他。洪肅賢透露，吳清友連思念都很壓抑，只有她知道，有多少夜裡他蒙在棉被裡流淚。

爸爸，你看看天空嘛！

吳威廷常常跟吳清友說：「老爸，你看看天空嘛！」但他忘了問兒子到底在天空裡看到什麼？

他猜想，或許兒子覺得，過去老爸忙到沒有時間偶爾抬起頭來，好好凝視天空，放空，舒緩一下。吳清友說：「說不定他是個哲學家，他看他的老爸這個人怎麼這麼奇怪，每天早出晚歸，空有錢財，卻不知好好享受，淨做那些自找麻煩的事。」

現在，他每天晚上凝望那深不可測的星空，已成爲一種的習慣，「唉，這六十多年來，物換星移，夜空其實並沒有改變過。但是，今天的夜空與當年的夜空，在我心靈激起的感受，卻已完全不一樣。」

吳清友說得很慢、很艱難，像咀嚼著一株仙人掌，「兒子走後，我的心像經歷了一場寒冬。人生苦短，而夜如此長。仰首向天，星臨萬戶，天象莊嚴，我只看到無可彌補的虛空。」

雖然有人看八字、批流年，算出吳清友命盤「沒子緣」。他認命了，但以沙啞嗓音弱弱抗議著，「他是來了，但是也早走……」日後，晚歸的他，少了一個家人爲他等門。他站在家門外仰望兒子的窗，也不再有人點亮引路的光。「茫茫的長夜，耿耿的秋星，都是傷心的種子」⑭。

但願長相左右

所有曾走過的腳印，所共同經驗過的人、地、事物都不斷湧現。有次，吳清友和秋雨創新董事長陳慧遊一起到台中談誠品展店的案子，耽誤了中餐，回程趕忙在高鐵站麥當勞外帶炸雞漢堡，邊等車邊吃。陳慧遊說：「在月台上等車，我就覺得很奇怪，他怎麼連吃個麥當勞的姿勢都那麼笨拙，笨拙到把整張臉埋入袋子裡……」原來，漢堡炸雞的味道，教吳清友想起以前他們父子倆一起吃麥當勞聊天說笑的美好時光，他想到淚流不止，只好把整張臉藏起來。

有一回，吳清友重訪台南關仔嶺大仙寺，那是他年少逃離世界的地方。他忽然想到自己兒子也曾因逃學躲在寺院裡，忽然有感而發說：「或許兒子也有那麼強烈不被這個世界理解的苦悶，就跟我當年一樣。」他抑忍著，淚水在眼眶打轉。

之後大家一起在寺院飯堂午膳，想緩和低落到不可收拾的氣氛，有人聊起吳旻潔小時候跟哥哥一起搭公車上學的趣事。但頓時氣氛變得更冰冷，眾人只能默默吃著簡便齋飯，不鏽鋼碗筷在盤子上發出咔噠咔噠聲響，沒有人敢抬頭看他。

而後，吳清友對與男孩相關的事物更能夠同理，而變得敏感脆弱。有次他在誠品電影院看了一部改編自眞實故事的印度電影「漫漫回家路」（*Lion*），描述五歲男孩與哥哥走散，流浪街頭，輾轉被澳洲父母領養，成年之後午夜夢迴，血緣的召喚令他痛不欲生，他憑著模糊印象，萬里尋親……。黑暗戲院中，他不顧旁人哭得不能自已，還說：「這是我看過最好的電影。」

吳清友坦言：「平常大概有百分之八十以上的日子，我都思念著他，當年甜蜜的回憶，現在想來都是感傷。如果他還在世那該有多好！人就是這樣子，這時強烈體會到什麼叫『長相左右』。」

⑭ 出自郁達夫《春風沉醉的晚上》。

吳清友過去總給人一種怎樣都不會被擊倒的印象。沉重的負債、風災延票，甚至自己的宿疾，幾乎沒有任何事情會讓他消沉，唯獨喪子這件事讓他低潮好久。他變得不愛跟人交際應酬，很多餐敘的場合他都婉拒參加。倒是對佛法追求更加認真，一改過去「我是好人，我做好事，勿免啦」的態度，總抓緊機會向喇嘛請益、求經解惑，自己反覆細讀《心經》、《普賢行願品》。洗澡時也發展出一套儀式，誦唸《心經》五次，法會時也會固定前往頂禮。

他覺悟到其實兒子教了他許多事，讓他懂得親情之可貴。他曾告訴女兒：「如果可以選擇的話，我要陪哥哥重新好好的成長，而寧願不做誠品……」如果真是這樣的話，吳旻潔也曾疑惑他們兩人會因此比較快樂嗎？況且哥哥最後仍可能不按照爸爸的期待，堅持走自己的路……，「最有可能是兩頭落空。人與人之間的緣分很難說，無言且無解。」

吳清友用餘生所有的時間，緩慢消化內心悲傷的硬塊。之後最明顯的改變是，他更積極推動誠品文化藝術基金會的「璞玉計畫」，關心年輕學子的未來與教育，花很多時間與公司新進的基層同事相處……。或許這都是一種移情。

兄妹情深

哥哥離世之後，吳旻潔最怕父母親之間的那種憂愁，「我不知道怎麼處理，人真的是很脆弱……。」前年八月中，吳清友和她一起去北京。坐在車裡，吳清友說：「我今天看著天空，突然好想哥哥。」她聽到了，卻不想他繼續說，於是放任自己一直沉默。

從小到大，他們兩兄妹感情深厚，哥哥什麼都讓妹妹。吳威廷當兵之時，吳旻潔正在東吳大學念書。有一天他騎摩托車載妹妹去上課，臨走前，往她的手裡塞一張千元大鈔，要她拿去花。吳旻潔說：「這個對我來說簡直是奇蹟。從來都是他的錢不夠花，每次都要我救急。」她握著一千元紙鈔走進學校，眼眶裡蓄滿淚，好久都說不出話來，「從小到大我們從來沒有眞正分開過，我哥去當兵，我突然覺得很寂寞，心裡有個洞，空空的，不知道怎麼辦。那一次我才發現自己其實很依賴他。」之後，她就到天母誠品和專櫃小姐談天買東西，第一次感受到來自「物質的慰藉」。

時間不是這樣算的啊

吳威廷過世之後第四十二天，清晨五點多，吳旻潔夢見哥哥來向她告別。夢裡，家裡所有來參加喪禮的親戚都沉沉熟睡，哥哥卻被早已過世多年的堂姊銀鈴般清脆的聲音喚醒：「起床囉！該起床的就要起床囉！不要賴床喔！」他穿著如同童年照片裡一樣的格子襯衫加卡其吊帶褲，咚咚咚從二樓往下走，吳旻潔緊跟在後，叫著「哥哥」、「哥哥」，隨他下樓。

只有二人獨處的時刻，他盤著腿籠罩在光暈裡，吳旻潔蹲跪在他身前痛哭，看不清他。她記得二個人嘴唇都未言語卻交談著，吳威廷連問她三個問題：「妹，這樣妳馬上變聰明了……不是嗎？」吳旻潔直點頭，持續嚎啕大哭。他又說：「妹，妳還是會過得很愉快，不是嗎？」她又點頭，淚水滑落雙頰衣襟……。三項叮嚀之後，他便要走，晨光裡，一樓外面苗圃有兩排金黃翠綠的森森人影，夾道簇擁著，正等待他。

他站立著，臉龐身影不若之前，顯得十分清楚。吳威廷說：「我原本想去誠品看一看的，可是我忘了她在哪兒了？」（吳旻潔不解，急急述說著！怎麼會忘了？就在仁愛圓環旁邊，你每天上班的地方啊！）他接著說：「不過謝謝妳曾經帶我去過那裡。」他望向戶外長長列隊在金黃陽光下綿延不盡的身影，「妹，我得走了——」吳旻潔哭求：

「——你等一下、等一下！我去叫爸爸媽媽來看你！」她伸出雙手，搭住哥哥的肩膀用力壓住他，「哥你要去哪裡？你要去多久？什麼時候回來？」吳威廷微笑安慰似地看著她：「妹——時間不是這樣算的啊！」她心中一震！時間不是這樣算的?!不是年月日時分秒……，不是這樣的……？吳威廷凝視著她說：「妹，我眞的得走了……。」

她夢中哀慟哭求「不要走！」「不要走！」搖晃中張開眼，看到媽媽正站在她眼前，一旁的鬧鐘急促地敲著六點鐘。原來，鬧鐘一直大響未停，洪肅賢呼喚她未獲回應，進房時看見她滿是淚水哭叫，以爲她身體不適，趕緊將她搖醒。得知她夢見哥哥，母女同聲落淚嚎哭。

父母和解

之前，洪肅賢會抱怨吳清友，給別人創造舞台，但都沒有留給自己的兒子。對兒子很嚴格，卻沒有好好栽培他，只讓他擔任敦南誠品的樓管，夫妻爲此而有所爭吵。但因著這個夢裡的「謝謝誠品的這一趟」的訊息，夫妻兩人的關係改變了。吳旻潔說：「我哥離開後，我覺得他送給爸爸媽媽的禮物是，讓他們『和解』，不再爲他爭執了，而是共同去回憶關於他的美好的一面。他們變得像朋友了，會互相挖苦，又可以互相對話，接受彼此最眞實的一面。」她微笑著，露出兩個小酒窩。

時間就像一條河流，人可以丟石頭進去激起漣漪，但終究無法改變河流的方向。或許是宗教信仰，又或許「時間不是這樣算的啊」，在奧妙的宇宙中、非線性的時間裡，他們逐漸能對生離死別感到釋懷。有一回，吳家人去金寶山掃墓，吳清友看著兒子的塔位，喃喃責備似的說：「你哪會七早八早就走來避底這？」（你爲什麼這麼早就跑來這裡躲。）但是他心下明瞭，其實兒子也不在那裡。

近乎燃燒的痛苦，幾乎耗盡了生命。或許經由兒子的離去，經歷徹底傷懷的悲痛，清明之後，再將碎成片片的心一塊一塊地拼湊完整……充滿裂痕的心，即使未如之前完好，若飽漲著如此清晰而炙熱的情感，可否視爲一種另類的復原？

1 ｜ 吳威廷小時候除了媽媽以外，不給其他女生抱，男生要戴眼鏡的才抱得到。

2 ｜ 日月潭柵欄邊，吳清友拍下兒子笑得燦爛如詩的帥照。

3 ｜ 吳威廷離開後，他送給爸媽的禮物是，讓他們「和解」，不再爲他爭執了，而是共同去回憶關於他美好的一面。

4 ｜ 從小到大，兄妹倆感情深厚，哥哥什麼都讓妹妹，他們從來沒有眞正分開過，直到吳威廷去當兵⋯⋯

2	1
4	3

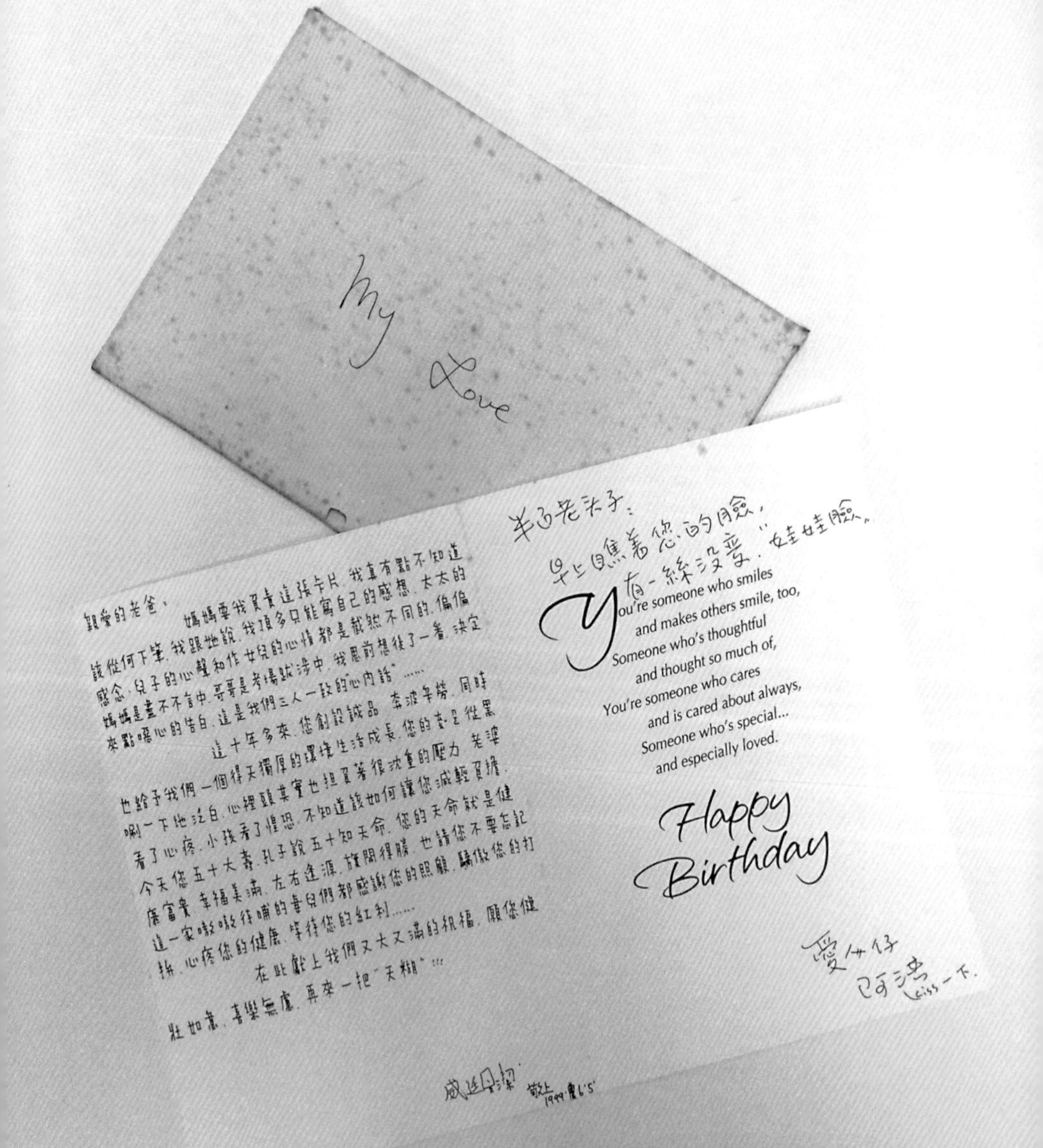

親愛的老爸，

媽媽要我負責這張卡片，我真有點不知道該從何下筆，我跟她說，我頂多只能寫自己的感想，太太的感念、兒子的心聲和作女兒的心情都是截然不同的，偏偏媽媽是盡不在言中，哥哥是考場跋涉中，我思前想後了一番，決定來點噁心的告白，這是我們三人一致的"心內話"……

這十年多來，您創設誠品，奔波辛勞，同時也給予我們一個得天獨厚的環境生活成長，您的[illegible]從黑唰一下地泛白，心裡頭其實也擔負著很沈重的壓力，老婆看了心疼，小孩看了惶恐，不知道該如何讓您減輕負擔。今天您五十大壽，孔子說五十知天命，您的天命就是健康富貴、幸福美滿、左右逢源、旗開得勝，也請您不要忘記這一家嗷嗷待哺的妻兒們都感謝您的照顧，驕傲您的打拚，心疼您的健康，等待您的紅利……

在此獻上我們又大又滿的祝福，願您健壯如意、喜樂無慮，再來一把"天糊"!!!

威廷旻潔 敬上 1999.農6.5.

半百老夫子：
早上瞧著您的臉，
有一絲沒變"娃娃臉"。

愛你仔
阿湾 kiss一下。

吳清友五十大壽，女兒吳旻潔主筆，幽默詼諧的寫下一家人對父親的眞心告白，親情流露，趣味橫生。

第十九章

從台灣出發，面向世界

吳清友總是睡得很晚，而且愈是深夜，腦袋愈活躍，他曾多次苦笑說：「我只有在深夜，才可以好好想事情。」他很享受深夜獨處，或閱讀、或思考人生、或書寫、或擘畫誠品的未來……。每次約人吃飯，他在等待的空檔，總是提筆寫點什麼，直到察覺友人早已在面前久立才停筆。他一直反覆思考著「誠品如何持恆永續」？

早在二〇〇四年吳旻潔初入誠品時，吳清友曾意有所指地問她：「Mercy，妳知道誠品是什麼嗎？誠品不只是一家書店，而是文化創意產業，誠品是生活產業。」他心中的誠品是多面向的、跨界的，潛存著其他很多可能性。

他琢磨著，誠品營運雖然步入軌道了，但每年的獲利了不起只有兩、三千萬。想想這麼一大群人辛苦經營，不過創造這一點利潤，而且只有商場獲利，書店仍虧損，還有龐大的債務。況且從全球來看，實體書店的沒落恐怕是無可挽回的趨勢。那麼到底這般用心費力地經營誠品，怎樣才更能彰顯其中的價值呢？

分割與上市

學機械的吳清友，以其自學而成的靈活商業頭腦，想到了「誠品分割與ＩＰＯ（公開發行股票上市）」。

剛開始提出這個想法時，吳旻潔有點反對。因爲前幾年好不容易才費盡心血做到前後勤部門的「精實」和「效率」，一旦分割，變成兩家公司，很多事情都要變兩套。她笑自己初期只想到會變很忙、費用會大幅增加，沒有看到整體市場價値的顯現。

吳清友思考，若將商場公開上市的話，加乘本益比和品牌溢價之後，誠品的市場價値就會大不相同。做相同的事情，但是效應有機會放大數十倍，爲浪漫的理想找到可以維繫於不輟的資本憑藉。「你說他精不精明？他超精明的。」吳旻潔嘆服。

經過詳細縝密的計算，二〇一〇年「誠品」分割出「誠品生活」子公司（包括商場、餐旅設備以及後續的旅館），由母公司「誠品」控股子公司「誠品生活」，並維持書店的獨立性。誠品生活走向文化生活綜合體，著眼於跨地域、跨文化與跨產業的複合營運模式。同時重新定位企業願景：「期許成爲全球華人社會最具影響力，且獨具一格的文化創意產業領導品牌和生活平台，並對提升人文氣質積極貢獻。」同年吳旻潔出任「誠品生活」總經理。

籌備兩年之後，二〇一二年「誠品生活」掛牌興櫃。也在這一年八月十一日，誠品海外第一家店在香港銅鑼灣開幕，開啟了誠品的「海外元年」！之後又陸續開展了尖沙咀店以及太古店。

二〇一三年「誠品生活」正式上櫃，同年八月，籌劃多年的誠品生活松菸店開幕。這裡沒有一般百貨公司常見的國際精品櫃位，而是讓數百名本土微型創業者在此展現心血，成爲眾多結合文化、生活的多樣貌創意平台。店內販售各種工藝品、美食，顧客還能參與手作，享受捏陶、吹製玻璃等樂趣。

兩年後，春分時節，「誠品行旅」正式開業。旅館大廳內以五千本書打造出大面積典雅壯觀的落地書牆，原木大長桌、閱讀燈、精品沙發……襯托出低調的書香氛圍，其間展示著多件標誌台灣精神的藝術品、畫作。

很多人不解誠品何以由書店跨足經營旅館？甚至語多譏嫌。其實，吳清友本業就是經營旅館設備的，另一方面則是他重視場所精神，將旅館視爲「款待人客」的地方。他預想到觀光在台灣未來的發展，原本只想併購其他旅館來經營，沒想到因緣俱足，終於可以打造自己鍾愛風格的旅館。

心的居所

二〇一五年底，籌備六年，總建築面積三萬九千多坪的「誠品生活蘇州」開幕，並跨足住宅的規劃設計，以「誠品居所」做爲誠品場所精神的一次成功實踐，引起大陸各界的關注。

時間往回倒推六年，二〇〇九年當地政府來台招商，在千年古城蘇州最美的金雞湖畔，爲誠品預留了一塊黃金CBD（Central Business District）基地。在前期籌備的那幾年，蘇州工業園區書記對吳旻潔說了一句意味深長的話：「妳母親一定是個偉大的女性，很難有一個女人會容忍丈夫虧損十五年還在他身邊支持著他的。」

吳旻潔後來細想，蘇州政府之所以給誠品這麼精華又稀缺的土地，就是因爲他們看重誠品虧損十五年，仍持續不懈，「因爲這是眞正的心」。原本的虧損，在看得懂的人眼裡，卻變成「無可取代的信念資產」。這信念資產又有兩層意涵，一是吳清友對誠品理念的堅持；另一是洪肅賢對吳清友的護衛。作爲守護家人的妻子與母親，她成了吳清友與誠品的堅實後盾。

吳清友說過：「開一家書店很簡單，開一家誠品很難。」生命的最後幾天，他仍在中山地下街的「誠品R79」看工地。他想打造出庶民生活氣息濃厚的拱門與街廓，佐以近二百座靠牆延伸的書櫃，展示全台最豐富的中外詩集及人文社科書籍，期待新一波的台灣文藝復興。在實體書店生存日益艱難的今天，他仍費盡心力打造他的誠品夢，明知不可爲而爲之，不得不說這是一種「痴」。

台灣人身分的自覺

長久以來，吳清友總要別人稱呼他「吳先生」，若聽到「董事長」忍不住眉頭一皺。他常常說自己：「阮是喫社會頭路的人」，他從不覺得自己是個大老闆，在理想滿溢的彩光中，他與芸芸眾生一樣，低頭默默耕耘。他覺得把誠品做好，是屬於台灣社會的，而非屬於吳家人私有。從漁村孩子，到浪蕩子，到業務員，再到董事長……在這個漫長的過程中，「喫頭路」塑造了他的「自我認同」，亦影響他的行事為人。好幾次他坐在轎車裡，看到車身旁奔忙的機車騎士，他都心生憐惜。那種不畏風雨嚴寒，辛苦打拚的身影，多少教他想起自己早年跑業務的歲月。

吳旻潔記得，從小到大去寺廟裡禮佛，不論何種型式的祭拜，爸爸媽媽都規定了固定的台詞：「祈禱國泰民安，風調雨順，阿公阿媽身體健康。」

吳清友總是關心台灣的命運，從最早一條休閒褲的震撼、倫敦畫廊事件……，都可以看出他對自己台灣人身分的自覺和自傲，道出他靈魂情感與台灣土地的深刻連結。

誠品敦南店在二〇〇四年獲《時代》雜誌（*Time*）亞洲版評選為「亞洲最佳書店」；二〇一四年更進一步獲得美國有線電視新聞網（CNN）評選為「全球最酷書

店」之一；二〇一六年，CNN 再度評選「誠品生活松菸店」名列「全球最酷的百貨公司」，同榜的有歷史悠久、夙有尊貴名望的倫敦哈洛德、巴黎拉法葉等知名百貨。

這些「亞洲最佳」、「全球最酷」，對吳清友的意義極爲重大。代表著台灣人在文化領域的耕耘被看到、被認可、被欣賞。近來誠品研擬赴日本發展，他也覺得台灣人能走到服務產業競爭激烈的日本，是某種台灣的「驕傲」。

吳旻潔長年觀察父親，「我很確定台灣人身分的自覺，對老闆來說從一開始到最後一分鐘，都是眞誠無僞的，都是他從小生長在這片土地上的一種自然的連結和感恩。所以他對於誠品有著一份使命感，『自己的土地自己疼惜；自己的文化自己耕耘』。」

誠品，是生命的探索與創作

曾跟吳清友共事過的人會有深刻的感觸，他內在有企業家商業家精明的一面，但在經營誠品的時候，卻經常讓自己「難得糊塗」。與吳清友相識甚久的評論家楊照提到，很多人不斷提到誠品虧損十五年的事實，他說：「我覺得虧損十五年眞的沒有那麼重要，誠品虧損十五年明明就是吳先生故意的。這不是他經營上的失敗，而是他清楚明白他不要在這裡，在這個時刻賺錢，能在那樣的環境底下賺錢，很多人很多企業都做得到，能夠堅持難得糊塗賠十五年，才是吳清友。」

原本誠品未設防盜門，也沒有完善的保全設施，當時每年被偷掉的書額竟然超過千萬元之多。後來因爲實施ＥＲＰ，內控必須嚴密，進書與賣出加上退書的數量，不能有黑數，因此開始全面加裝防盜門。吳清友甚至曾在演講中，爲此愼重鞠躬道歉，彷佛爲此措施無意間冒犯讀者而感到不好意思。

林懷民說：「傳統教養讓吳清友對自己有追求，而宗教信仰讓他對眾生有追求。」許多人或以爲，吳清友虔誠信仰佛教，所以誠品有深厚的「利益眾生」的想法。但事實是，早於佛法之前，他很早就確定 Profit（利潤）不會是生命的解答，也不是他的人生目標。他之後一直強調的 Benefit（利益眾生），實際更早出自他內心的召喚，而佛學則在人生晚年給予他強大的力量。

江秋喇嘛指出，一般企業家在意利潤，吳清友卻強調利他。吳清友雖然做的是事業，但其實有很深的佛心。眞正的佛法都是心裡的工作，而非形式的念經拜佛打坐。他天天在商業界，提供對讀者有益的服務，這個就是「顧慮別人，超越自己的利益。」他有助人的心力與動力，用事業來實踐佛法，「身爲一個修行人，我都會覺得很慚愧。」

對於吳清友而言，誠品有一種更私人的意義，他很清楚，自己同時有了錢，也得了病，眞的是面臨到「生命何去何從？」的大問題。因此，誠品，從一開始便清楚定調爲「探索」。不是爲了要經營事業，更不是一開始就爲了要打造華人文創第一品牌，他說：「誠品，只是我對生命的探索和創作。」

1 | 二〇一五年，「誠品生活蘇州」在金雞湖畔開幕，蘇州政府之所以給誠品這麼精華又稀缺的土地，就是看重誠品虧損十五年，仍持續不懈，「因爲這是眞正的心」。

2 | 誠品書店曾被國際媒體評選爲「亞洲最佳」、「全球最酷」書店。這對吳清友的意義極爲重大，代表著台灣人在文化領域的耕耘被看到、被認可、被欣賞。

終章

雲的自由

打濕的火炭，瞬間水氣騰騰然，假裝已經熄滅了，其實並沒有。回憶的餘燼，依然燒灼著。

二〇一七年七月十八日傍晚，吳清友在誠品總部辦公室，無聲無息的停止了心跳。送醫急救後，於晚間七時十六分，與世長辭。

沒有人想得到，幾分鐘前，他還交代祕書準備一些資料，然後坐在辦公桌前，爲新書《誠品時光》簽書。這一箱二十本新書，才剛出裝訂廠，第一時間熱騰騰地送到他的辦公室。

他那麼期待，卻只來得及在扉頁上題完字，之後就靜靜放下了筆，頭仰靠在椅背上，永遠地闔上眼睛睡去⋯⋯。這是他滿懷感謝，唯一親自簽名的一本，準備要送給長年支持誠品的「雲門舞集」創辦人林懷民。

辦公椅往後倒斜，「咔嗒！」一聲。幾步之遙的祕書察覺奇怪聲響，立刻擱下資料，走進老闆辦公室，才驚覺異狀。

巨人倒下

無常如一把利斧，砍向毫無防備的人。他的桌面一如平常，井然有序，沒有半點掙扎的痕跡；臉上表情淡定平和，未曾顯露一絲慌亂，好像只是忽然感覺累了，略微休憩。生命就此凍結，千言萬語還來不及表明，甚至他連自己都完全沒有意識到發生了什麼事情。

吳旻潔中斷會議，從兩分鐘腳程不到的對街辦公室衝過來，現場已經陷入一片慌亂。同事扶吳清友平臥於地，危急中，吳旻潔打電話向長年依賴的林佳勳醫師求助，但無人敢施行急救，擔心重壓之下，把吳清友脆弱的心臟血管支架碰碎。總經理李介修遵照醫師指示探測吳清友的脈搏，之後，他表情凝重，跪坐在地，一句話也說不出來。

緊急送醫的消息傳開，洪肅賢、二哥吳國男、三哥吳清河、小弟吳明都，以及諸多親友皆從四面八方趕來。江秋喇嘛正在大陸西康，帶著誠品畫廊總監趙琍，一起站在鷹架上爲佛像貼金箔。接電話的趙琍一時淚湧而出，告知喇嘛，他形容當下：「我站在鷹架上腳都軟了，幾乎快要暈下去了。」

再兩天，七月二十日，便是籌備多時的《誠品時光》新書發表會。一切都準備就緒，但吳清友內心忐忑不安，或許出於興奮，或許百感交集。他對外一直謙稱，不知要怎麼致詞，同時頻頻用台語叮嚀出版社「寧拙勿巧，一定『愛退』！」要求務必低調辦活動。

然而，之後所有的低調，瞬間變成了哀傷。

其實，離世前近三個月來，他飽受失眠的折磨，百憂感其心，萬事勞其形，作息大受影響。連洪肅賢也無法放心闔眼，躺在床上，心在老公身上，房門也不敢關，注意他的一舉一動。結果經常是兩人皆一夜無寐。

一度，吳清友搬到「誠品行旅」暫居，希望轉換環境，看是否得以成眠。其間心臟曾極不舒服，他形容，像被人用拳頭捏緊著、攢毆著，甚至還自己安排住進加護病房進行各項最嚴密的檢查，可是竟無異常。他只覺得身體似乎正在逐漸失控，但完全沒輒，不知是否出於自我鼓勵，他還信心滿滿對所有關心的朋友們說：「我一定可以熬過這一關。」大家也都這麼相信。

然而一切都發生得太快，巨人倒下時，身體還是溫熱的。

憧憬雲的自在

生命最後幾個月，他行將謝世的軀殼依然如此挺立，沒有人料到生命正在倒數。那時期，他似乎特別珍視閒暇時光。假日，他經常在「誠品行旅」包廂長坐喝咖啡。隔著落地玻璃窗，他看著草地外人來人往，喜鵲搖搖擺擺散步覓食。有次，他若有所思忽然說：「看大家那麼悠閒走路，每個人臉上的線條那麼美，這是在很好的社會狀況下才會呈顯出來的氛圍。」語氣中盡顯欣羨。

吳清友晚年反覆閱讀的一本書《閒暇：一種靈魂的狀態》（*Leisure: The Basis of Culture*），作者尤瑟夫・皮柏（Josef Pieper）指出，閒暇是一種心靈的態度，也是靈魂的一種狀態，可以培養一個人對世界的觀照能力，重拾寧靜與洞見，培養無爲之心。這種狀態才是所有文化的首要基礎。這也是吳清友追求的生命的從容、生活的從容，是誠品希望給讀者的款待。

蘇州誠品施工期間，吳清友常赴大陸察看工地。公忙之餘，他喜歡在偌大如海的金雞湖邊散步，尤喜愛湖面安靜湧動的波濤，那麼斯文篤定，不狂不躁。有時夕陽西下，金光粼粼柔美深情、從容交疊傾訴不盡，好似模擬他耽於沉思的腦波。有一天傍晚，他信步於湖畔，忽然福至心靈，詩興大起，一氣呵成寫出一首〈四季之詩〉（附錄）。闡述了生命的四個階段，也是他個人心境的寫照。

就在他離世前幾天，失眠多日的他，爲了跟友人一起談心吃飯，來到北投公園。他好久沒有來這個地方，等待的時候，獨自在公園走走繞繞，一會兒觀老人下棋，一會兒聆聽街頭藝人唱歌，國台語老歌，一首接一首。他少年時，差一點當上歌星，這些歌曲乘著習習晚風，喚起他往日情懷。當時意外聽到了「我是一片雲」，分外感到悅樂與暢快。

我是一片雲，天空是我家，
朝迎旭日升，暮送夕陽下，
我是一片雲，自在又瀟灑，
身隨魂夢飛，它來去無牽掛。

回家後，他心情大好，向妻女宣說：「乾脆我以後也唱歌來娛樂別人！」這是他生命最後嚮往的閒暇狀態，憧憬的是雲的自在。

剎那之間，沒有任何迴旋空間

年紀大了，吳清友有一個習慣，他會脫下眼鏡，一邊銜著鏡腳，一邊思考。這時候可清楚看到幾根眉毛桀驁翹起，純白色的，很精神，很矍鑠，很閃耀。他有強烈的「生命完善化的理想」，對土地有深切的情懷，做的事又是無比浪漫。前年，一家求職網調查社會新鮮人心目中的「夢幻老闆」，他獲選爲第二名。他得知後還和女兒開玩笑：「啊，這些年輕學子，涉世未深，其實是他們太夢幻了啊……。」

不只夢幻，他也常笑自己很「阿Q」，總挑戰遠大高尚的目標，追求生命不斷精進，在「心念」與「能力」之間，享受這永不止息的張力，他還一臉笑意說：「這張力很迷人！」

如今，他就連離開人世，都那麼充滿戲劇性。他曾說過：「在最沒有防備的一刻，面對大限來臨之際，要在最短時間內平息下來。」一語成讖。事後醫師評估，當時吳清友的心血管破裂，大量出血，血壓急速下降。他可能只是覺得好多天沒有睡好覺，有點累了、睏倦了。整個過程僅有極短的二十到三十秒，甚至不會感到任何痛苦。與兒子猝逝一樣，根本是剎那之間、沒有任何迴旋空間的離世。

二〇〇六年那次香港先進的手術，心血管護套只保固十年，最遲二〇一七年初，他得再開刀換新。但他自忖沒有成功的必然，而且手術雖不至於危險，副作用卻無法逆轉，可能導致下半身癱瘓。這樣的風險，對於終生嚮往自由，不斷想要精進的他，是完全無法忍受的。手術就此延擱著，直到心血管再也無法工作而停擺。

然而，無論死亡多麼巨大，所有的悲傷終究是個人的。面對吳清友「不告而別」，洪肅賢很長一段時間都無法平息。過去所有積壓的感情全部翻湧而上，洪肅賢放聲大哭，「你什麼事情都照自己想的，甚至連要走，也都不講一聲?!」有人說她命很好，但是她最親近的兒子、丈夫，先後都用如此倉促的方式離開，她不平地說：「我覺得自己命不好。」江秋喇嘛勸她換個角度來想，吳清友一直想做對社會、對小孩、對未來、對國家有益的事情，任務完成就離開。「我們天天看生看死，人的離世有千萬可能，能夠乾淨瀟灑，是我們修行人求之不得的事情。儘管有不捨難過，但其實我很羨慕他。」

守喪期間，洪肅賢看到這麼多人懷念他、追思他，誠品書店各地分店的牆面上，貼滿識與不識的讀者寫下的淚泣、追念、感佩字句……。有一天早上，她忽然對女兒說：「今天早上我和妳爸和解了。我告訴他，我沒有想到你的影響力這麼大，我這些年受的苦……算了！我原諒你。」

走向下一階段的任務

離世前十天，吳清友喜悅於品牌書《誠品時光》即將出版，反覆再讀，還爲自己寫下了這段文字：「沒有人是可以自由選擇到這個世界上來的。書出了之後，我面臨的是另一全新的未來，一再地要自問：還有沒有什麼增長的智慧，是在今後的日子可以學習到的？……生命好像領走了一次，新的歸零，要想更多的未來及存在，也一直在想什麼是下一個階段更重要的人生任務？」

吳旻潔追憶，也許她父親「在冥冥中已準備好要更換一個新的形體，重新展開他的探索與希望之旅」？

吳清友私下珍藏一張心愛的照片：他戴著眼鏡，看似往前看，但眼神帶點沉思，一些些哀愁，可又那麼純眞、好奇，有一種想要探索什麼的感覺。就在離世前一個月，他曾對女兒說過，想讀哲學，想看看不同的人生風景，想要全部重來一遍完全不同的經歷，再一次尋覓年輕時不斷創新、勇於嘗試的心。吳旻潔說：「他用這樣的方式離開……如果去回想塵世的他，我會非常捨不得；但是想到解脫之後的他，又會爲他高興。」

守喪期間，某天早晨六點多，吳旻潔做了一個關於父親的夢。夢中清楚地有著三個不同的場景，在最後一幕裡，吳清友單獨要她留下來，說有話要跟她說。她正襟危坐等待，父親卻不語，僅靜靜將 iPad 放在桌面推向給她，要她先看一段影片。只見 iPad 螢幕上什麼也沒有，只有灰濛濛的粒子，與隱約的訊號線條，接著是黃土黃石廣袤無垠的天地……。她心中焦急，心想：「老闆，都什麼時候了，您怎麼還要這樣鋪陳啊……！」逐漸地，視角由遠而近慢慢聚焦，出現了車水馬龍、人來人往的街道。吳旻潔心急看向父親，「您不是有話要跟我說嗎？這人車街道我看過N遍了……

您怎麼還不說？」吳清友要她別急，示意她回到螢幕繼續觀看。只見鏡頭緩慢地不斷拉近，遠看著的點點人潮身影逐漸清晰，近距離地化成了一張張陌生又不陌生的臉龐，一張又一張充滿全螢幕，放大到超越邊界不見，此起彼落。無數張男男女女的面孔帶著安靜的表情，由小而大，由遠而近，出現又消逝。她盯著他們的臉龐、眼神、膚色、面部肌理，感到背後響起了巨大的回聲，她彷彿以眼睛聽見了「生命」的聲音……。

夢醒之際，接近早晨八點鐘，正是喇嘛們前來家中要為吳清友修法的時刻。

「我曾聽人說，白天做的夢，不完全是夢……。」吳旻潔回想夢中的情境，明白了。如果他有機會再跟她說些什麼，應該就是這些她以為她已經了解、已經一聽再聽過的內容……「他讓我知道沒有什麼隱藏版的祕笈了！所有他想要教我的，他都一而再、再而三毫不隱瞞地說過了。接下來，只能靠我用自己的眼睛、自己的心，去看、去體會……。」

逝者的歡聲笑語

傷逝之後的倖存者，風景一一收攬入目，只想用力捶打時間的地樁，將回憶中的場景努力釘牢、定格。

吳旻潔說：「我從來沒有感覺他離開，好像只是他在辦公室看書，或因爲我們行程不同而錯開了。」她始終感受著父親各種形式的存在和陪伴，也常回想過去那些生活中縈繞長留的歡聲笑語。

吳清友有打牌的小嗜好，每次他收到牌友來訊相約，總是面露喜色。臨出門，妻女總愛調侃他：「噢，你又要去『共修』啦？」洪肅賢的共修，是信眾一起在佛法中心靜坐數小時，誦唸法本的共同修持；吳清友的「共修」卻是四個人東南西北各據一方，同樣連續好幾個小時，一動也不動專注搓牌。

面對妻女挖苦，他總是說：「唉，妳們不知道，我喜歡打麻將是有原因的，這是一種對自我第六感的測試，也是一種自我的對話。」女兒笑：「哇，董事長高見，打麻將打成了自我的對話，可否容我們進一步向您請益？」他回道：「唉呀，這妳們不懂，所有的人都喜歡跟我打麻將，我的牌品這麼好，因爲我在意的不是輸贏。」看著女兒煞有介事地點頭稱是，他續道：「我在意的是，我心中有一副牌，眼前有一副牌，我手中還要再摸一副牌！我的『自我對話』就是要不斷、不斷地印證：我手裡摸的跟我心中想的到底一不一樣?!」

吳清友愛聽歌，若是讓他迷上了某支歌曲，聽一百遍也不厭倦。有一陣子，他非常狂熱地聆聽胡德夫的「太平洋的風」，走到哪都要聽。他拿著可攜式藍芽音響，在家裡播放、在辦公室播放、在車上播放，甚至進浴室也帶進去播放。吳旻潔多次聽到「太平洋的風」從洗手間傳出來，感到這音效和回聲實在太詭異了。等吳清友出來便調侃他：「老闆，裡面風很大吼？」吳清友呵呵訕笑：「嘿！妳很沒有水準捏！」

在家聽歌劇，吳清友總是把音量開得很大，歌聲由三樓直貫一樓。吳旻潔常常忍不住讚嘆：「吳老闆，你怎麼那麼喜歡聽人尖叫啊？」挨到某段間奏空白，她趁機說：「啊，趕快讓我們好好享受這片刻的寧靜吧！」吳清友瞪女兒一眼，搖頭慨嘆：「Mercy，妳很沒有水準捏！」

「妳很沒水準捏！」成了他們父女打趣時吳清友經常說的話。

回溯當年他生大病時，其實非常有錢，吳旻潔會逗他：「老闆，你那麼有錢是什麼感覺？我也好想要感覺看看……」他淡淡說：「唉呀，反正妳沒有要買什麼，不需要懂，不需要了解沒有關係。」她追加說：「可是我還是很想體會捏！」有時她故意感嘆：「啊，吳老闆你真的是賺到了耶，你女兒、太太都沒有跟你花買珠寶的錢、買化妝品的錢、買精品的錢，一有錢還全部貢獻給誠品，這樣子你賺了多少？」吳清友露出無辜的表情，「我又沒有叫妳不要花？」有時候又會說：「啊，是妳自己沒有興趣啊，不然妳去花看看啊？」

他關心國家大事，愛看政論節目，有時過於激動，晚上睡不著覺。女兒回到家就故意轉到韓劇，他忍不住嘮叨：「Mercy，這些都是一個公式，套來套去、搬來搬去，有什麼好看？」女兒興致勃勃，「反正男的很帥，女的很美，你不覺得他們很養眼嗎？」跟看了一段，他也會忍不住問：「男主角爲什麼要這樣？」「這是什麼意思？」「現在是什麼狀況？」吳旻潔只說：「我們好像是同時間一起看的哦！」吳清友按捺陪看，每每在播完之後，父女兩人對看一眼，他再搖頭嘆氣說：「哎，憨人看肖戲！」

過去父女之間相處，吳清友和吳旻潔一直習慣「互虧」，吳旻潔說：「老闆離開後，我少了最主要『虧』的對象，也失去了『虧』的樂趣。」

缺憾，不可能弭平

前幾年陽明山極其罕見地下了一場雪，苗圃的柏樹都白了頭。吳清友私下曾說希望天上的兒子也能欣賞……，然後默默責備著，最難忍受陽明山的冬天，那茫茫雲霧冷冽細雨的深夜。這種內心荒蕪的感覺，很像他小時候，馬沙溝冬天海邊的防風林，木麻黃掉光了葉，或其實早就死亡，糾結僵硬枝幹，直直插向天空的剪影。

生命中的三重失去——健康、金錢、摯愛，對吳清友來說，「金錢虧損」是最容易面對的；而「病痛」則一直是他的考驗；但是失去兒子，是永遠沒有辦法彌補的。不是他不願意，而是他知道不可能彌補。

吳旻潔觀察自己的父親，他知道人世不可能圓滿，但不代表「放棄」，而是盡力而爲。缺憾發生了之後，他只想要了解、探究、對照，之後若想再進一步做什麼，吳清友嘗試的是「轉化」。他心中非常明白，所有的失去都有其意義與緣由，唯一能做的，就是從中習得功課。

所以他特別喜歡同仁送他的這句話「生這場病，是上天要你服一帖藥。」或是眼鏡師傅要他「那吳先生，你就多笑嘛！」這是吳清友的生命本質。凡是看似負面的事件，他都要轉化爲一種正面的滋養。他總試圖在劣勢裡，找到對應的正向力量。

奔向雲的自由

身邊的好友與同事都這樣說，吳清友是很特別的人，常把「生命」「存在」掛在嘴邊，總是思考著生命的覺知與覺醒，很少見他因各種頓挫而喪志消沉，然而就算眞有欣喜之事，他也很難百分之一百享受喜悅。他晚年的生命情調，給人一種秋天的

感覺，的確他也特別鍾情秋天海邊的黃昏，那曠寂、遼遠、空濶的氛圍。（吳旻潔的「旻」也是秋天的意思）

這幾年，他幾次向家人朋友感嘆：「我做這一切會不會是一場……夢？」或者有所憬悟嘆道：「有時候，我覺得生命終究是一場幻覺。」這番話從向來直面存在意義的吳清友口中說出，讓人感到詫異，或許他已將「成、住、壞、空」想得好遠、看得好透。偶爾他眼神渙散瞳孔失焦，似乎擱淺在腦海淺灘，以致不能確定在看哪一點。或許吳清友其實並未眞往外看，而是將眼神一百八十度反折回來，凝視自己靈魂。

這一刻他的臉會透出一種無法言喻的光。

對於畢生心念所繫的誠品，吳清友比喻自己像個「播種的人」或「種樹的園丁」，他說：「園丁不一定看得到樹長大、等到樹成蔭的一天。」這樣講的時候，他是微笑著的。

如今當樹已成蔭，種樹的人卻已不在。

前塵影事，時間賦予一切，也奪走一切。數算漫長的天光，哀傷裏藏難以自拔的憂鬱，像平靜水面下的暗礁，教人涉危履險、沉船滅頂。處理憂傷可以有多種不同路徑：直接看破放下，「斷念解離」是一種；另一種則是乾脆深入其中，「透澈憂傷」再出來。後者帶著救贖與淨化的戲劇性過程，激起強大的重生能量；但前者可以即刻讓憂喜循環結束，清明解脫、平穩渡生。兩者也許只是選擇不同，無分高下。

哀傷可以轉化止遏，但對一個人的思念，卻無法火化。這位園丁將化身為誠品的點燈者、給予者、撫育者，讓接手的人可以變得更加堅韌。

德國哲學家海德格說：「命運送來給人，人才成為人。」人與命運之間交疊重奏，造就了吳清友豐盛的六十七歲之一生。

夕暮時分，白天與黑暗徐徐交接，青山遠淡，草木有待，生命如風旋迴，如雲流散——

他，終究奔向雲的自由！

1 | 年紀大了的吳清友有個習慣，他會脫下眼鏡，一邊銜著鏡腳，一邊思考。

2 | 幾年前，陽明山極其罕見的下了一場雪，吳清友希望天上的兒子也能欣賞。

1
2

附録

自我許諾的檢驗

吳清友

我是鄉野漁村長大的小孩，身上沾滿泥巴，學習過程中滿是挫折。我也不是出身名門或世族，知識沒有特別豐富，也沒有傲人的學位。這本書所記錄下的，不是所謂天才或菁英的故事。

出這本書，心願很簡單，不在標榜或歌功頌德，也不在講誠品多麼了不起，甚至連吳清友是誰已不重要。重要的是曾經有一個生命如此存在過，而這個生命迷途知返，沒有添加社會的困擾……。若有什麼期待，我只希望年輕讀者以我做爲一個案例，如果像我這種人都有機會，其他人更不該放棄創作更傑出自我生命的可能。

無可救藥的、積極的存在主義

人不是百分之百是自己唯一的主人。每個人都是因緣和合，而生命的道場人人不同，人生有太多不可預測的橫逆或困厄。然而，我相信：「凡存在的（即使再不好、再不幸），必有其合理性、必有其意義、必有其價值。」我是無可救藥的「積極的存在主義者」，先不管我有沒有能力，也不論成或敗，生命的價值就是要把人生裡所有的負面，扭轉爲正面。縱然無法過關，我也不可能放棄。這是我的信仰。

因此，磨難來了，代表「機會」來了，要來練功夫了，就如同台灣話說的「喫苦當作喫補」。你不能光用過去會的來面對，必須要激發新能量、新方法，變成一種性靈上的新陳代謝。因爲磨難降臨之後，才有機會產生那種「場」——「生命的氣場」。

「場」是一種能量，如同稻盛和夫的「神助說」。他認爲當一個人壓力環伺，幾乎沒有出路時，以純粹「利他之心」奮不顧身，持續拚命努力，將會有超越我們自身的宇宙力量，在背後幫助著我們，猶有神助。這是我所相信的。雖然我足足花了五十年才驗證了「心想事成」這件事。

企業是人在經營，人才是最重要的根本。但人的根本又是什麼？我認爲在於「心」。天地間呈現什麼景象，都只是存乎於一心。我一直相信心念是有能量的，因爲信念會影響決策，決策影響行動，行動會影響一個人的命運。

我花了一輩子處理與生命相關的議題，不管在生病之中，經營誠品之後，或迷惑之際、抉擇之時，我始終認爲心念勝過能力，生命強於事業，因此寫下「生命應在事業之上，心念應在能力之上。」這兩句話幫我度過很多難關，鼓舞我再繼續前進。

生命的「添加物」

我們太習慣用社會主流的財富、名氣、權勢這一類「外在價值」來度量生命，忽略每個生命獨特的「內在價值」。其實人來空空，去空空，生不帶來，死不帶去。如果我們能用減法看人生，將名位、財富、職稱這些「生命的添加物」全部去掉，會比較容易看清楚自我的本質。

我對生命唯一可以確知的是，生命是無常的，人是無明的。好像一陣風吹過，樹梢葉子被吹落下來，可能是病死的枯葉，也可能是初發的嫩芽，病痛或意外，不在於按照「歲數」大小。不管你願不願意，同不同意，生命的本質就是如此，無可反駁討價還價。

生與死，起點與終點，每個人都一樣，只有這兩點「之間」（In Between），才產生不同的差異。面對無常，你的生命之根是什麼？你的生命信仰是什麼？

我不是哲學家，所有思考的、做的事情，不過是希望更靠近自己一點，更了解自己一點。我天生愚鈍，往往都是遇到事情之後，才有後知後覺的感悟，所幸，至少沒有不知不覺。因此我信服著印度哲人克里希納穆提（Jiddu Krishnamurti）的名言：「眞理純屬個人的了悟，每個人都應該用自己的光，照亮自己的生命。」

人生最大的成就，自在而已

我們常說「明智」，「明」是自知，「智」是知人，光是「明智」兩個字，就足以花一輩子學習。我們要知己知彼，還要知天命，知大化，我們哪有那麼厲害？很多外在環境都不是你能控制的，但至少回到可以掌握的個體生命，先把自己搞清楚。

不要以爲談生命很嚴肅、無聊、不可捉摸，是哲學家才會談的事情；更不要太容易被表象迷惑，或陷溺物質的感官滿足，而喪失對生命的終極信仰。生命本身便是「探索」，假使個體生命是一件獨特的創作，只有你可以爲自己找尋到意義。

台灣人常說：「樹頭若在，毋驚樹尾做風颱。」樹頭，就是一個個體生命所繫的根本價值體系。我們沒有辦法期待一生平順，不受任何苦難、貧窮或病痛。面對生命中不可測度的無常，最好的方式是積累生命的厚度，時時精進，讓心靈強大豐厚，努力保有自己，化「毒」爲藥，在逆境中扎下生命之根。

因此，對年輕人而言，最重要的是確立自己的生命信仰，先理出生命的「價值觀」，再尋找你「生命的道場」，再尋找可以投入的志業。我曾經在女兒生日卡寫過作家三毛的一段話送她：「人生最大的成就，就是自在而已。」我們不需用世俗的多少錢、多少名，來證明存在的價值。誠品的 eslite，就是傾聽內在的聲音，活出自己生命的精采。

自我許諾的檢驗

每個生命都是很奇妙的。九〇年代初，房地產讓我突然賺錢，我又突然發現要命的心臟病。說來這也是前世的「業障」，重生之後，便做了籌設誠品的決定。對於誠品，我給自己構築了一個浪漫的「人文、藝術、創意、融入生活」的理念，一開始我沒有任何經營書店的經驗，能力還沒有跟上，即便後來賠錢賠出了心得，明白要靠這個行業獲利，雖不能說比登天還難，但是眞的不容易。我只能不斷找尋可以存活下去的營運模式。雖然幾次前途未卜、瀕崖獨行……。人，尤其是我這種人，有時候是很阿Q的，在病床上很阿Q，在經營誠品上也很阿Q。我相信，人的一生都應爲自己相信的美好價值而無怨無尤。

當別人一直強調誠品可以賠錢十五年，好像是一種功勞，甚至成爲一種讚美。而且，似乎愈賠錢，我做這件事便愈顯堅持，愈有意義。外人看誠品長期虧損，是以做生意的損益、盈虧來衡量，但是我看自己不是如此。如果容許我這樣說；「創立誠品這些事，正好與賠不賠錢沒有關係；誠品，與一個人生命的自我許諾與自我完成有關。」

坦白說，誠品當初的「緣起」，除了我對善、愛、美的嚮往以外，不可否認另一個更重要的原因是，當年我的生命假使不能樹立一個這麼強大的目標，大病初癒、生命發出空虛信號的我，將不知道如何活下去？這一生可能寡淡無味，喪失了奮鬥的目標。

但即便我有了清楚的目標，此時設若凡事順風順水、水到渠成，沒有任何挑戰的話，這樣的誠品，對我的生命、自我許諾也不會產生任何檢驗。

當初選這條路，也不曉得一旦走進去，會有這些經歷，面臨賠錢、股東指責、財務壓力，甚至懷疑這或許並不是自己眞正所擅長⋯⋯。我幾度面臨到——要將誠品交給他人嗎？要不要回頭？要不要停？是不是要「重選」新的模式？——的各種掙扎。

如今，我反倒很「慶幸」，反而因爲這些困難、賠錢，考驗我們的經營能耐，更高度檢驗了我給自己許下的承諾是不是眞誠？是不是夠堅定？

如果可以用比較輕鬆的字眼來描述，這個過程中「最享受」的也是我自己。倒不是我有自虐狂，而是能夠度過這樣的生命，於我是精采的、無悔的。也因爲走過這些阻礙波折無明黑闇，我才因此稍微有點「心安」。

或許我性格內蘊一種「悲」，不是悲情或悲劇性的悲，而是有一種自我賦予成立誠品的自我意義感，或許勉強稱爲一種悲壯情懷。（或是小女笑我的「太過自戀」、「自我感覺太過良好」。）

誠品未必需要我，但我的生命需要誠品

我是一個男人、一個丈夫，不可能讓妻小吃苦，但是我卻沒有覺察到太太的辛苦與憂心。從另一半的角度，我也眞是大意，沒有顧及妻子及孩子感受，沒有留一點未來給她們，只有自己的理想最大，其他犧牲不打緊。我如今篤定地講，做誠品書店眞的是我個人的「自私」，只爲了滿足自己對生命所謂的探索。太太看誠品這個窟窿愈來愈深，我卻沒有「回頭是岸」，她不得已爲孩子買下保險……唉！我眞感到對不起她！

某種程度，我不是笨的人，若想要賺大錢，當然可以爲此努力打拚。但弔詭的

是，如果出發點是錢，我可能賠不了十五年，撐不過那麼長的時間。

如果著眼點在錢，人會幻妄愚想，眼見別人賺錢，忌妒生恨，你的心就中毒了；或者不爲錢，但是寄望別人給你肯定，以搏得名望、榮耀與清譽，那麼當這些期待落空之後，你的精魄就落入地獄裡了。兩頭虧空，很難不怨天尤人，甚至咒罵著：「啊！老天爺，我想要做好事，也那麼認眞做事，爲何如此對待我？」

坦白說，誠品建立之後，所有的修練，已經和錢沒有多大關係，之後事業發展如何？會不會獲利？品牌夢想能不能成功？都已經與我的出發點無關。光是誠品這門功課，已經能讓我在那些劫後餘生之年，找到生命繼續存在下去的正當性，誠品未必需要我，但我的生命需要誠品。

不怨天尤人

我來這個世間，追尋存在的合理性與正當性。我走上的是自我探索之路，旁人的判斷，對胸有定見的人是沒有影響的。如同波蘭詩人辛波斯卡的詩作〈履歷表〉傳達的：「我的存在不需要別人來定義。」持此一念，不論是打擊或挫折，皆可以樂觀以對。因此，即使今天誠品不成功，我也不會改變。當然她能夠順利存活、發展，我更不會揚棄這樣的出發點。

我有很多缺點，也會被情緒困擾，但我至少有個優點，就是我從不怨天尤人。人面臨好事情，要問自己「爲什麼是我？」面臨壞事情，要問自己「爲什麼不是我？」當人沒有理所當然的「擁有」或理所當然的「不擁有」，心裡便坦蕩蕩。生命裡擁有這兩句話，就足夠了。

把生命視爲是一種探索，便可以超越得失。舉凡病痛、失敗、賠錢，都是「探索」的過程和風景，你的付出就是你的所得。但相反來看，假使一個人所求者不過是有形的名望、財富、世功，難免有得失之心，一旦有得失罣懷，生命將不能灑脫。

「誠品」的「誠」，就是忠於自己，有時我覺悟到：我這個人的一生似乎正爲了走這一條路，爲了這個目標而來。其實在我心裡一直有自我對話，我從來沒有懷疑過我自己，誠品成功不成功，並不等於我生命的成功不成功。誠品的成不成功，不是我的優先選項，也不是最需在意的選項。我只要問清楚自己，我是否仍始終如一以探索的心情，繼續走下去。

我經常自我反省，搜索所有的記憶，甚至找出二十年前的訪問，今昔對照、一一檢驗，我有沒有違背當年的許諾？有沒有矛盾、不一致的地方？有沒有背叛自己？

稍可安慰的是，直到今天不管我的機運如何，選擇之對或錯，誠品或成或敗，至少我的心念從沒有改變過，對我個人而言，唯一無愧於我自己。其實誠品發展至今，最大的「獲益者」是我，她能活下來，代表我說話算話。我的心，沒有「以前比較新鮮，現在變得腐敗」，不管能力如何，我沒有中間變節。

我心裡明白：「沒有商業，誠品不能活，沒有文化，誠品不想活。」我們明知活動策畫只會更花錢，即便賠錢，我們的活動一樣不少，反而增加。即使現今開始獲利，誠品表演廳每年注定要賠一千到二千萬，仍是要提供國際級的空間，讓那些排不上國家殿堂的年輕藝術家被看見。

誠品一直都是集體創作，顯示台灣社會的土壤有機會孕育出類似誠品這樣的一株樹或是一朵花，這是台灣社會的可愛。誠品本身並不偉大，是這塊土地孕育出的人、這種信心的偉大與可愛。如果誠品團隊是一顆好果實，我希望它的種籽能夠世代傳下去。理念價值優先於企業的永續，而企業的永續又優先於家族的永續。

四季之詩

吳清友

春，盎然的生氣。
彷彿一幅捲軸緩緩展開，
風光明媚的景致映入眼簾，孵化的夢想逐漸滋長。
雄心大志，蠢蠢欲動，
想望未來有千萬種無垠無涯的可能。
當萬物欣欣向榮，我心祈願，
爲圓滿的日子賣力，任勞任怨。

夏，溫馴的盛暑。
寵任自身、牧放馳奔的好時節，
冀盼難得糊塗，渴望寬容以待。
但凡軀殼健康，靈魂便可隨心所欲，
度假、遠遊，樂不思蜀。

內在的敏感若亦能稍許遲鈍，則更是美事一樁。

秋，詩意的沁涼。
生命轉折如歌的行板，
靈感紛飛如雁群的疾行。
敏銳的感官竭力汲取自然的變化，
以清風入詩，以甘霖入歌。
心緒雖波動起伏，
卻搖蕩出四季遞嬗裡最美好、最旖麗的光陰。

冬，**暖燈的耽思**。
寒夜中，意志無比清明，理性反覆辯證。
閱讀哲學，閱讀天地之薪火，
照見自身的缺口，覺察反省。
一年將盡，潛神默記，
期許創新思維萌芽，迎接來年。

憶父親

吳旻潔

親愛的老爸：

已經非常久沒有這樣稱呼您了，習慣稱您老闆，只因老爸的身分無需任何稱謂提醒，老闆的指示卻要時時謹記在心。

您其實不知道，好多年來，您在我手機裡的來電顯示一直爲「吳清友先生」，因爲我發現之前用「老爸」或「爸比」時，會讓自己對應您的態度公私難分，容易踰越了分際。經過這麼多年的訓練，「如果是老闆的話可能會怎麼做？」「如果是老闆的話會希望怎麼做？」已成爲我面對事物與決策的第一反應。就連寫這封信給您時，我都忍不住會想：如果您可以說說話，針對自己的驟然離世、我們的巨大悲痛，與社會廣泛的迴響與悼念，您會想說些什麼？

我相信，您會將這最後的機會，全部用來表述您對家人、生命與世界的愛。

您是七月十八日傍晚離開的。回想起六月二十五日週日中午，我們一起走路去山仔后吃小籠包，暢談兩個多小時關於家人與生命的對話。散步回家後，您倚在一樓長長落地窗前凝視著午後苗圃的整片綠意對我說：「妳知道我為什麼想再讀哲學嗎？我覺得我還有好多人生的風景沒看過，我好想知道，前方還有什麼是我可以再去經歷的……」

您走了以後，我不只一次又一次地想，是不是您感到這身軀受到的限制已不夠您的想像馳騁了，所以決定換個形式重新開始……？

那天您對我說了好多過去、現在與未來，其實有一些內容我們早談過多次了，如今回想，這一陣子以來，您彷彿在對今生進行一個非正式的總結。您提到您最敬愛與感佩的父親，「阿公真的是這輩子對我影響最深遠的人……」，又很自豪地對我說：「妳看從大姑姑到阿伯阿叔們，有人比我們家兄弟姊妹感情更好的嗎？」您感念兄弟姊妹對於您和誠品長期默默的支持與照顧，突然有點神祕地悄聲對我說：「我是不好對外說啊！這跟基因有關。我們家族的基因真的是很好。」因為這也大大褒揚到我了，我邊喝著雞湯猛點頭邊對您說：「老闆，確實是。千萬中選一啊！」

這些日子，您對我說最多的是關於媽媽。您希望我們一起鼓勵她把日文學好，以後我們去日本吃好料點菜要靠她；您希望我們多建議她放寬心思去旅行，過些自在的日子，不用一直擔心您的身體。七月十三日我們一起去巡視誠品R79中山書街的途中，您反覆記掛媽媽是否有著什麼您不知道的煩惱，卻不好直接開口問她，沿途一直商量應如何向媽媽打探。我們從捷運中山站的手扶梯走出來，望向對面的新光南西二館時，您凝視了天空很久，對我說：「我眞的希望媽媽能快樂！」

後來我們和Kris（姚仁喜）開了一個關於空間設計的會議，會議中，Kris提到他不久前花了四天半的時間，不眠不休翻譯宗薩欽哲．仁波切導讀的《維摩詰所說經》。您很興奮地打開筆記本說：「你們看！我寫下來的經名！正是《維摩詰所說經》！我正想找這部經來讀呢！眞是太巧了！」讀後的隔天下午，您就充滿讚嘆地對我說，「Mercy！仁波切說的實在是太精采了！Kris也翻譯得很好！雖然我有很多看不懂，但實在太好看了！我昨天晚上一口氣讀了幾十頁！」那時候我實在很開心，也感染到您的歡喜，我說：「老闆！恭喜啊！眞是太好了！以後您就別讀哲學了，讀佛經吧！」您點點頭，深思卻又喜悅的表情。之後，我在您的筆記看您寫與《維摩詰所說經》從此「結了妙緣，初讀後才發現自己魯鈍至極」。

您過世的前一個週末，我因爲怪異的骨頭燒疼失眠與不能臥床，連續兩天都沒有出門，您於是勸我七月十八日別去大陸出差了。我七月十七日向您報告確定不出差時，您點點頭看著我說：「正確的選擇。」當天晚上，您知道媽媽連著兩週同樣怪異的發燒，晚上十點了仍堅持要我坐計程車去向醫師拿藥，特別交代我要放在媽媽床前，讓她一睜眼就可以看見。

七月十八日早上，您特別早醒。我在佛堂做大禮拜時看您開門緩緩走出來，面容略顯蒼白但是非常平和慈祥。您看我一眼，安安靜靜對我用左手比了一個「讚」，走去看看已經早起在讀書的媽媽。您問候她的身體，提醒媽媽要記得吃您要求我拿回來的藥，又再安安靜靜走回房間續眠。我怎麼也無法預料，這幅畫面，竟會成爲我們三人的最後一面。

下午三點多，我打電話向您報告一項重點業務推進的好消息，您欣喜得很淡定，在電話那端對我說「恭喜」。您的聲音顯得有點疲倦，我刻意大聲跟您閒聊幾句，您還告訴我「再晚一點我就會進辦公室了」。

傍晚六點多，再在辦公室見到您時已全程一片慌亂。我心裡不住想「眞是現在嗎？眞的發生了嗎？」握著您還微溫的手，不敢動不敢哭也不敢觸碰您的心臟，只忍不住一直呼喚您「爸爸……」。隔幾天我終於重回您的辦公室，走進去才環視一遍就淚如雨下。我不相信您不在了，心痛如絞。我不想移動您的任何物品，坐進您書桌前的沙發椅上，輕輕旋轉一會兒，嘗試模擬您當時的心緒與動作。您的桌面井然有序，筆也放得整齊自然，我知道您可能只當自己簽書有些累了，擱下筆將頭靠著沙發椅背休息一會兒……。我模仿著您當時可能的動作，假裝寫幾個字，輕輕放下筆，也將頭靠著沙發椅背，手安放在椅上，微微後仰。不同的是，您沒有任何的悲傷或恐懼，在最熟悉的氛圍環境與短短幾十秒的寂靜中就此離去，我卻只能放聲痛哭再擦乾眼淚，日復一日面對不再有您但充滿您印記的辦公室。

我從來沒有想過自己可以一瞬間失去這麼多人，一個對我愈來愈溫柔的父親，一個獨一無二自信篤定的老闆，一個深度分享人生、閱讀與打趣說笑的好朋友，還有一個企業的前瞻導師與穩定靠山……。這麼巨大的失落與痛苦，讓我曾浮現我將再也無法面對家裡、辦公室、店裡所有您生活過的空間，它們加起來幾乎就是我的二十四小時。我看著您用過的東西、來不及用的東西，覺得這些物件統統都失去了存在的意義。在您走後，我才懂得何謂失怙之痛，我突然發現自己過去怎麼對所有失去父親的人如此無感？我突然很羨慕還有父親的人，也不斷想到佛經裡那位失去孩子的母親——

一位婦人喪失了獨子，悲傷欲絕……。她想，佛陀是唯一能幫助她脫離絕望的人，佛陀肯定有讓她孩子起死回生的力量。她找到了佛陀並提出她的請求。

「世尊，請讓我的孩子復生！」

「我可以讓妳的孩子起死回生，」佛陀回答，「不過有一個條件，妳必須從一個從來沒有人過世的家中拿回一把種子給我。」

婦人挨家挨戶走遍村莊，詢問同樣的問題：「請問您能不能給我一把種子？不過您的家中必須曾經沒有人死亡，這些種子才有用處。」

不幸的是，她總是得到相同的答案。沒有一戶人家曾免於死亡。老婦人於是回到佛陀跟前。

「世尊，我沒能取得您要的種子。死亡降臨每一戶人家，沒有一個家庭、房舍，能免於死亡。」

「是的，」佛陀說，「每個人都必須死亡，死亡不只發生在妳的孩子身上，所有出生者都必定會死。現在妳已經了解了，請停止煩惱悲傷吧。」

我知道，即便我能找到佛陀向他祈求，也無法尋著這樣一把種子。

「所以，妳不要慌亂不要倉皇失措，沒有這樣的種子。」成了我安慰自己的方法之一。

也是在您走了以後，每次凝視您的照片，我才開始發現我跟您的相似之處。以前我不喜歡承認，總覺得媽媽美麗多了，像媽媽比較好，但您卻一直得意這一點。如今，我多麼慶幸我能與您相似！在合掌祈禱與您的對話裡，我也跟您說好了，請您不用擔心媽媽和我，也不要因爲我們的淚水而駐足停留或有任何牽絆，您儘管大步向前，不要回頭！這些是想念的淚水，也是祝福的淚水，我們知道您已獲得極大的福報與指引，凡是見過您面容的人，都已受到您的安撫與寬慰。

您去年十月在身分證生日的那天曾寫下：「我最新的發現，在生命的某一階段，保持從容，留更多的時間給自己思考、探索、想像，檢視自身的生命經歷，極可能會有意想不到的領悟。我更該思考如何多愛身邊的親人。」

您已把「愛」當成生命中的必修與功課。

就像您有時會因爲思念哥哥凝望天空而哭泣不已，七月十八日上午，我看著自己與哥哥小時候的照片，也坐在桌前流淚。我們家剩下的三個人，都用自己的方式默默懷念他，然每當聚集談起他，我們都只談論他的可愛與慈悲。

我萬萬不會想到，同樣是這一天的傍晚，您也會離開我們了。直到現在，我仍不全然明白這件事之於我們的意義。唯一讓我們能微笑並承受所有心痛的慰藉，就是您離開得毫無痛苦，前去得光明磊落，入境的是淨土與悲憫之地。

從您離去至今，從台灣、西康到印度，有這麼多仁波切與喇嘛爲您修法。看著您的面容，媽媽和我都百分之百確定，您將到達慈悲之境。我們相信，您將成爲菩薩，有著一樣純眞的笑容，乘願再來。

而我同時也明白，這輩子將難再有停淚的一天。傷心時會哭，快樂時也會哭，孤單時會哭，感動時也會哭，因爲您的離去，打開了我的傷口。

哥哥離去時，讓我發現我有傷口，您走了以後，我知道這傷口將永遠存在，而且將愈擴愈大。您揭示了這個傷口，讓我明白，有傷口、會疼痛，才會眞正地愛。

這個世界裡，每個人都帶著傷口，一直感受到自己的傷口，才會了解別人也有的傷痛。我相信，這是除了您在世時爲我們長期積累的各方善意、多種善緣與溫暖友誼之外，另外要送給我的特別的禮物。

我也知道，作爲一個父親，您會給我的囑咐，如同您不時對我提起的：「誠品不應是妳生活的全部，該要給自己保留空間與時間，活得適情適性一點。」

最後，您最放心不下、心中牽掛惦念的媽媽，您也對我深具信心。這一輩子，她不會對您說好聽的話，然而您心中清楚明白，只要您遇到了麻煩，她總會守候並照顧您。您三不五時會提醒我出差在外要記得打電話問候媽媽，您說她的喜怒哀樂，總牽動著我們二人的情緒高低與日子好壞。

「雖然媽媽已經睡了，妳還是要幫她拿藥回家，讓她一醒來就看見。」這是您關於母親對我最後的交代，我也會努力用這樣的方式，照顧我們的媽媽。

感謝您，親愛的老爸，賜給我們如此美麗的禮物。這個柔軟的、永不癒合的傷口，連結了我們與整個有情世界。這個傷口，牽引纏繞，也會是我們重逢相認的誌記。

And I'll recognize you 老爸, everywhere and every moment, with this wound of love, with tears and with laughter.

女兒 旻潔 泣啟

二〇一七・七・三十一

吳清友先生　生平事記

1950年　出生於臺南縣將軍鄉（今臺南市將軍區）馬沙溝，家中排行第五。

1968年　國立臺南高級工業職業學校畢業。

1972年　國立臺北工業專科學校（今國立臺北科技大學）畢業。

1973年　進入進口餐廚設備代理公司，任業務人員。

1975年　與洪肅賢女士結婚。

1976年　長子威廷出生。

1978年　長女旻潔出生。

1981年　承接誠建公司所有股權，成爲正式經營者。

1985年　萌生創辦人文藝術書店的夢想，期許與社會大眾分享閱讀的益處與藝術之美。

1988年　進行第一次心臟手術。

1989年　創辦誠品。誠品畫廊開幕。

1993年　誠品前進中臺灣。

1995年　誠品前進南臺灣。

1998年　獲臺灣《天下雜誌》推崇爲「影響200・飛越2000」人物。

1999年　誠品十週年慶，敦南店啟動創新營業模式，成爲全球第一家二十四小時書店。

2001年　獲邀擔任「財團法人公共電視文化事業基金會」董事。因主動脈剝離，在加護病房休養十七天。

2003年　獲邀擔任「行政院文化創意產業發展指導委員會」委員。獲邀擔任「臺北市政府觀光委員會」委員。

2004年 誠品敦南店獲國際媒體《時代》雜誌亞洲版，評選爲「亞洲最佳書店」。
女兒吳旻潔加入誠品，以總經理特助身分開始近身觀摩學習。

2006年 誠品信義店開幕，爲誠品台灣最大綜合旗艦店。
於香港進行第二次心臟手術。
獲邀成爲 Discovery 頻道「臺灣人物誌 II」代表人物。

2007年 誠品臺東店開幕，爲誠品第一次與政府舊建築再利用合作的活化項目。
獲臺灣 *Cheers* 雜誌票選「上班族最想共事的老闆」。

2008年 勤美誠品綠園道店開幕，開啟委託經營顧問的新營運模式。

2009年 長子威廷過世。

2010年 成立誠品文化藝術基金會，以推廣閱讀爲使命。
將文化事業與通路事業分割，正式成立「誠品生活股份有限公司」。

2011年 獲香港設計中心（HKDC）頒發「設計領袖大獎」。
誠品獲選爲經濟部「台灣百大品牌，文化創意服務類別企業」殊榮。

2012年 誠品香港銅鑼灣店開幕，爲誠品第一個海外據點。

2013年

誠品生活掛牌上櫃。

誠品生活松菸店開幕，爲首次結合表演廳、藝術電影院、文創實演共同營運的文化內容綜合體。

2014年

松菸誠品行旅試營運，隔年正式開幕。

誠品虎尾店開幕，改造原虎尾合同廳舍而成的歷史建築活化新地標。

2015年

誠品生活蘇州開幕，是誠品第一座從建築、景觀設計到營運內容規劃，完整展現誠品概念的旗艦店。

誠品居所竣工，爲吳清友先生親手打造的空間美學住宅項目。

誠品敦南店連續兩年獲國際媒體 CNN 評選爲「全球最酷書店」之一。

誠品香港尖沙咀店開幕，爲誠品第一家海景書店。

啟動誠品文化藝術基金會「璞玉計畫」。

2016年

誠品生活松菸店獲國際媒體 CNN 評選爲十四家「全球最酷百貨」之一。

誠品香港太古店開幕，爲香港極罕見的大規模一樓臨街書店。

2017年

誠品獲臺灣 *Cheers* 雜誌「新世代最嚮往企業」票選第一名。

中山地下書街 — eslite UNDERGROUND 誠品 R79 開幕。

誠品首本品牌專書《誠品時光》出版上市。

七月十八日病逝台北。